OBJECTIF MANGAKA!

Apprends à dessiner tes personnages mangas !

Medzi-O

mercileslivres

ON SE RETROUVE SUR LES RÉSEAUX

Je t'invite à découvrir **mes pages Instagram et Facebook,** pour plus de dessins et un aperçu de mon quotidien de dessinateur de manga.

@medzi_o @medzi0

JE M'APPELLE MEDZI-O...

Je suis dessinateur de manga indépendant et illutrateur. Il y a neuf ans, j'ai comme toi commencé le dessin en prenant un livre d'apprentissage manga dans le rayon d'une librairie. **Et au début, le moins que l'on puisse dire, c'est que je n'étais vraiment pas doué. D'ailleurs, j'aime dire et je suis persuadé que je suis naturellement mauvais en dessin !**

J'ai eu la chance d'étudier les bases du dessin dans une très bonne école à Nantes, l'école Pivaut. Passionné de culture japonaise, je me suis ensuite envolé pour le Japon où j'ai vécu un an et demi. Là-bas, en autodidacte, j'ai pu parfaire mes connaissances sur cette culture magnifique et le style manga. Chaque jour, j'allais dans les supérettes japonaises me ravitailler en... publications mangas ! **Je les feuilletais inlassablement pour étudier les différents styles graphiques et narratifs des mangas populaires du moment.** J'observais ce qui m'entourait et j'imprégnais mes yeux de cet environnement qui semblait l'extension de mes mangas favoris : uniformes, bâtiments, métro... tout m'était familier ! **Ces heures de réflexion et d'observation ont été cruciales dans ma progression de dessinateur.**

Je suis aussi allé à la rencontre d'éditeurs japonais, recueillant leurs critiques et avis constructifs sur mes dessins et histoires. Particulièrement avec la maison d'édition Coamix, qui par ces échanges a révolutionné ma vision du manga, et grâce à laquelle j'ai eu la chance de recevoir un prix d'honneur lors d'un concours international.

Depuis mon retour du Japon, après maintes aventures, déceptions, joies, réflexions, difficultés, remises en question, victoires... j'ai eu la joie de progresser encore et de partager mon expérience en donnant des cours de dessin dans la région bretonne. J'ai aussi pu faire découvrir mes dessins et histoires lors de conventions à travers la France... Et maintenant, je suis là... là, juste derrière ce livre !

J'avais à cœur de **créer un ouvrage qui rassemble le savoir et les techniques** acquis à l'école, puis affinés auprès des artistes qui m'ont guidé. **Toutes ces expériences et rencontres ont fait de moi le dessinateur que je suis aujourd'hui. Et c'est sans prétention et avec beaucoup de joie que je te présente mon premier livre.**

BIENVENUE DANS CE LIVRE !

Le livre que tu as dans les mains est désormais le tien : le **mangaka du titre, c'est toi !** Je veux, non pas que tu dessines comme moi, mais **que tu dessines ce que tu veux en y mettant ta patte à toi !**

Je le vois comme un train à grande vitesse qui te fera gagner plusieurs années dans ton apprentissage. C'est un peu un des livres que j'aurais voulu avoir quand j'ai commencé… comme toi aujourd'hui !

C'est un livre nourri par mon expérience, par ce que j'ai moi-même découvert et appris au fil des années : j'y ai mis le maximum de moi-même, avec la passion qui m'anime depuis des années et que j'aime partager en atelier avec celles et ceux qui, comme moi, ont soif d'apprendre et de se perfectionner.

Si tu as envie de découvrir et progresser avec plaisir sans stress dans le dessin manga, tu as toqué à la bonne porte! Blagues à deux balles, notions anatomiques, codes narratifs et mascotte bizarre seront au programme. On y va!

MES PHRASES FÉTICHES

DÉCOUVRE LA CONSTRUCTION DES PERSONNAGES

Objectif mangaka est conçu en douze séquences thématiques pour **t'aiguiller dans ta découverte et ta pratique du dessin manga,** et t'aider à dessiner les personnages de tes rêves.

J'ai construit une méthodologie progressive pour que tu comprennes l'envers du décor de tes mangas par des notions anatomiques, géométriques et narratives, en les agrémentant de plusieurs **exemples en situation** dans la double planche qui clôt chaque chapitre.

PRENDS TON TEMPS

Cela prend du temps d'acquérir et d'intégrer pleinement de nouvelles informations, comme pour maîtriser une langue étrangère ou tout autre apprentissage… Pour utiliser ce livre au mieux, accorde-toi ce temps, c'est important. **Avance pas à pas, chapitre par chapitre. N'hésite pas à relire les phrases, à faire et refaire et refaire les exercices, à reproduire tout ce que tu peux, autant que tu peux !**

EXERCE TON ŒIL !

Ce livre est à explorer avec ta collection personnelle de mangas près de toi, pour y plonger ton œil aiguisé à de nouvelles notions, et ainsi enrichir tes connaissances du dessin manga. **J'ai mis dans ce livre le plus d'exemples possibles :** à toi maintenant de « pousser le vice » et d'en chercher encore plus dans tes mangas préférés !

ENTRAÎNE-TOI

C'est en forgeant que l'on devient…. Tu connais la suite ! Il semble évident qu'il faut s'entraîner chaque jour pour devenir un grand joueur de foot ; mais pour un dessinateur, on attend souvent plus du « talent » que du travail. Pour moi, c'est une grave erreur !

Rien ne remplacera le temps et la patience pour acquérir la maturité dont ton crayon (ou ta plume !) aura besoin. La progression en dessin va de pair avec beaucoup de travail et d'entraînement : c'est ainsi que l'on devient maître de son trait et de ses dessins.

Plus tu dessineras, plus tu progresseras… et plus tu sauras exprimer facilement, en quelques traits justes et efficaces, la pleine mesure de ta créativité !

APPRENDS À OBSERVER LE MONDE

Même s'il est centré sur les personnages, ce livre n'est pas un livre d'anatomie ni de théorie. Tu vas certes découvrir **des connaissances essentielles pour démarrer,** mais nous allons aussi **démystifier la vision que tu portes peut-être sur le manga,** et lever (je l'espère) l'appréhension que l'on ressent souvent lorsqu'on débute.

Dessiner, ce n'est pas si « compliqué » : c'est une accumulation de connaissances et d'observation du monde qui nous entoure, que l'on traduit ensuite sur le papier.

L'apprentissage du dessin passe, pour moi, par la compréhension de ce qui nous entoure. **Il faut comprendre sa réalité pour mieux représenter et imaginer une fiction « réelle »** (et non pas réaliste).

Comment dessiner la main de ton personnage alors que tu n'as jamais dessiné la tienne ? Ou encore dessiner des flammes sortant de ses mains alors que tu n'as jamais prêté attention à la chorégraphie irrégulière des flammes dans la cheminée ?

Associer connaissances techniques, observation et entraînement : c'est le trio gagnant qui te permettra de **réaliser des personnages mangas nés de ton imagination.**

Sois humble et toujours à l'écoute

On peut toujours devenir meilleur, mais l'ego peut ralentir ta progression en cas d'autosatisfaction trop rapide, ou faire naître de grandes déceptions si tu rencontres des difficultés.

Fais-toi plaisir

N'attends pas une approbation de ton « talent », une admiration de dessinateur « prodige » ou autre. Le dessin est avant tout un plaisir ; un plaisir qui prend forme lorsque, tout simplement, tu dessines ce que TU aimes ! Si tu aimes dessiner... alors dessine !

5 ASTUCES DE CRAYON AVANT D'EMBARQUER !

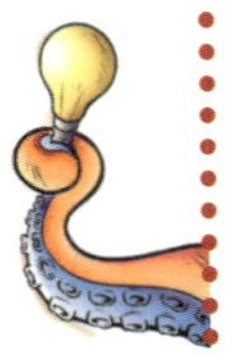

ASTUCE N° 1 :
MOLLO LA MINE !

Commence toujours ton dessin en n'appuyant que légèrement sur ton crayon. Puis affirme progressivement la ligne en appuyant davantage lorsque tu es prêt à confirmer sa forme.

ASTUCE N° 2:
SAVOIR TOURNER EN ROND

- Commence par visualiser la forme de ton futur cercle en effectuant avec ton crayon trois tours circulaires « en l'air », sans toucher la feuille.
- Au quatrième tour, amène ton crayon au contact de la feuille et continue de tourner en appuyant légèrement sur la pointe.

Ne t'arrête pas au premier cercle : continue à chercher la bonne forme en poursuivant 4 ou 5 fois le mouvement pour corriger son arrondi.

- Observe ton cercle et repère ses imperfections.

Corrige les endroits qui pêchent : tous les coups sont permis pour obtenir un joli cercle !

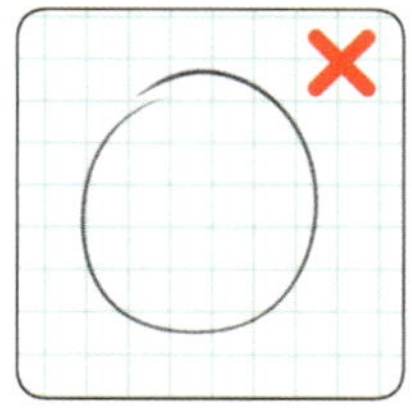
Un tour de trait

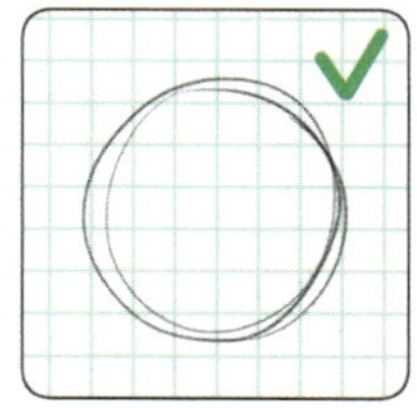
Chercher en plusieurs traits

Ce ne sera pas évident au début, mais ça viendra avec le temps ; alors entraîne-toi régulièrement à réaliser un cercle avec cette technique.

ASTUCE N° 3:
UN TRAIT DROIT... GRÂCE AU COUDE !

Pour réaliser un trait bien droit, l'important est... la posture ! Prends le temps de bien t'installer sur ta chaise, les deux pieds au sol, le dos droit et les épaules parallèles à ton bureau. (C'est aussi une position de calligraphe !)

- Positionne ta main et la pointe de ton crayon au point de départ de ta future ligne.
- Le crayon est bien tenu (entre le pouce, l'index et le majeur), ton poignet est contracté et immobile : le mouvement doit venir du coude.
- Recule le coude petit à petit, sans bouger le poignet ni les doigts : c'est son recul régulier qui donnera un mouvement rectiligne à ton trait !

ASTUCE N° 4:
LA BELLE LIGNE

Pour réussir une belle ligne, il y a deux coups de crayon à éviter :

- **Le trait « poilu »** : lorsque la ligne est faite de petits traits courts, par à-coups.
- **Le trait zigzag** : lorsque tu avances sur ta feuille en réalisant des petits va-et-vient continus de haut (comme du coloriage).

Pour échapper à ces erreurs récurrentes, veille à dessiner en gardant le poignet souple, pour obtenir un tracé ample et fluide.

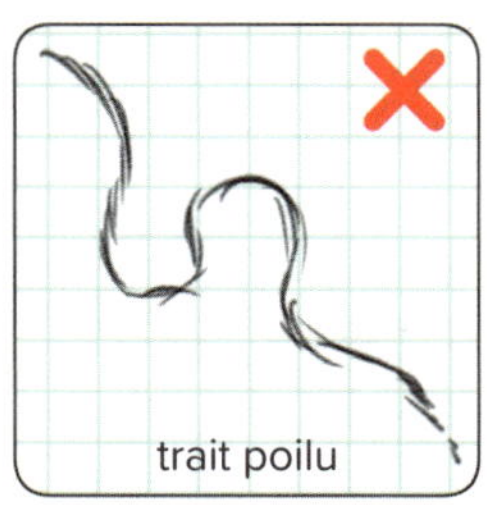
trait poilu

trait zigzag

ASTUCE N° 5:
LA CLÉ... C'EST RESPIRER !

Quand tu dessines, quelle que soit la difficulté... n'oublie pas de respirer !
Tu dessineras encore mieux si tu es posé. Ne crispe pas les épaules, ni le regard : plus tu seras détendu, plus ton dessin découlera aisément.

AU PROGRAMME !

CHAPITRE 1

LA GÉOMÉTRIE

LES STRUCTURES QUI COMPOSENT LE MONDE

EN DESSIN, LES FIGURES GÉOMÉTRIQUES SONT LA BASE DE TOUTE FORME COMPLEXE. QU'ELLES SOIENT JUXTAPOSÉES, MÉLANGÉES OU MÊME DÉFORMÉES, ELLES TE PERMETTRONT DE RÉALISER, AU FIL DES EXERCICES, LES DESSINS LES PLUS ABOUTIS.

MAÎTRISER L'ART DE CES FIGURES CONSTITUE LA PREMIÈRE CORDE À TON ARC VERS LA CONSTRUCTION DE TES PERSONNAGES DE MANGA!

PAS D'INQUIÉTUDE: LA TECHNIQUE N'EST PAS INDISPENSABLE POUR DESSINER CES FIGURES. ARME-TOI JUSTE DE LOGIQUE, DE PATIENCE ET DE CONCENTRATION!

ドーン!
CHAP 1
ん…
ぽつん…
ぽつん…
ALORS C'EST ÇA, LES BASES DE L'ENTRAÎNEMENT MANGA ?

CHAPITRE 1

Les FIGURES 3D les plus UTILES

Lors de nos premières années à l'école, nous apprenons à représenter les formes géométriques de façon plate, en 2 dimensions (2D), puis en relief, c'est-à-dire en 3 dimensions (3D).

Pour construire une forme géométrique en relief, **je te conseille de commencer par « le plan » de la figure la plus proche de toi.**

LE PARALLÉLÉPIPÈDE

On reconnaît un carré à ces deux particularités :

- **chaque angle doit faire 90° ;**
- **les côtés sont tous de la même longueur.**

Pour le parallélépipède, le parallélisme et la perpendicularité du rectangle respectent les mêmes conditions que le carré.

La différence, c'est que tous les côtés ne sont pas égaux. Dans un rectangle, seules les droites qui sont parallèles entre elles doivent être de même longueur.

1 Dessine le rectangle.

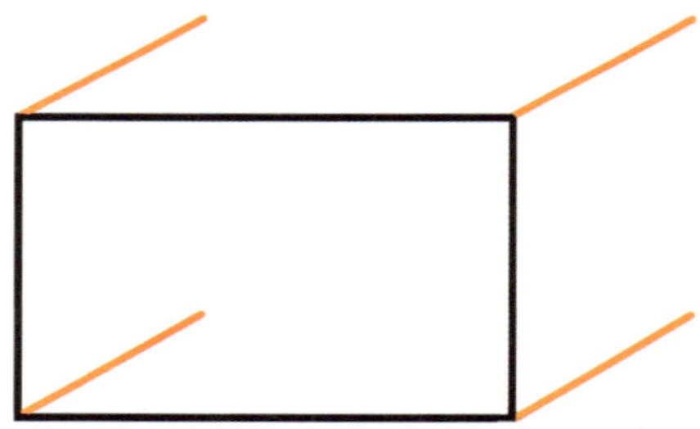

2 Trace les lignes en biais qui représentent la profondeur de ton volume, en commençant par les coins du rectangle. Veille à ce que toutes ces droites soient bien parallèles.

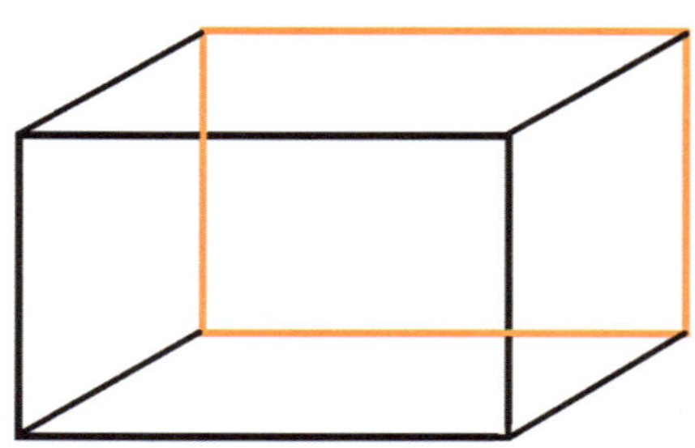

3 Relie les lignes de profondeur ou, autre technique, dessine un nouveau rectangle au fond.

MON CONSEIL

Lorsque tu t'entraîneras, évite d'utiliser une règle, une équerre ou un compas.

Concentre-toi pour dessiner de ta seule main la forme la plus symétrique possible.

Au début, ce ne sera pas facile, le résultat ne sera pas parfaitement droit et tu devras peut-être t'y reprendre à plusieurs fois pour tracer la bonne ligne.

Mais avec de l'entraînement, à force de dessiner à main levée sans outils, tes formes géométriques deviendront imbattables!

DU CERCLE À LA SPHÈRE

Pour réaliser une sphère, nous allons utiliser ce que l'on appelle une ellipse. En dessin, cette forme s'apparente à un cercle dont les sommets ont été aplatis, voire écrasés, ce qui donne une impression de disque. Cette ellipse représente l'intérieur du cercle vu en profondeur (en perspective).

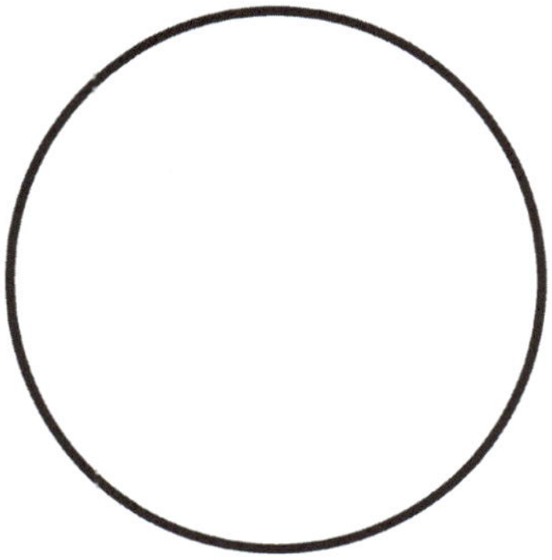

1 Trace ton cercle.

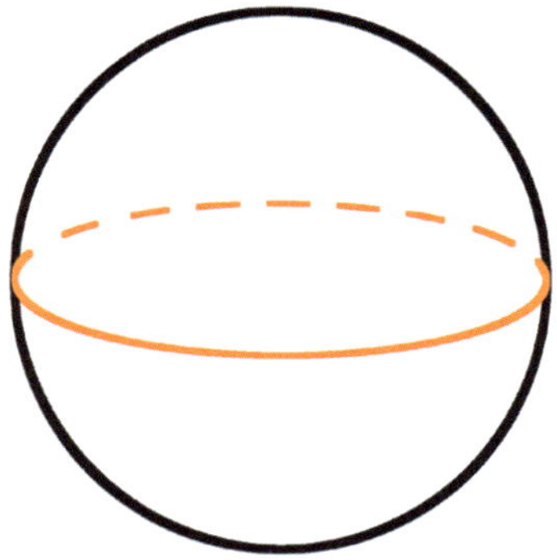

2 Quand tu dessines l'ellipse en profondeur, imagine que tu cherches, par ce trait, à représenter l'avant et l'arrière de ta figure. En avoir conscience t'aidera à te projeter sur le résultat final.

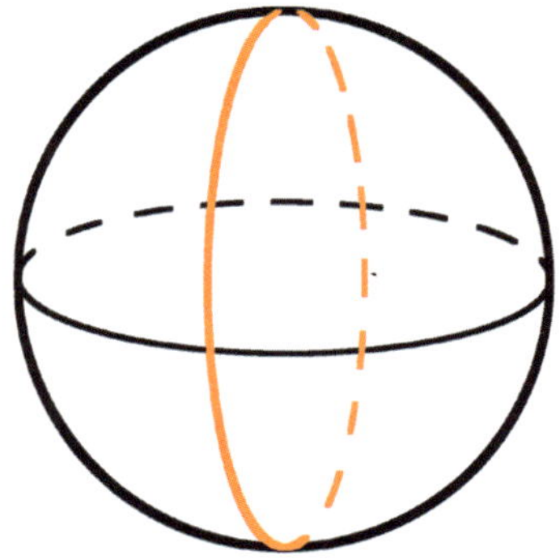

3 Dessine l'ellipse verticale. Elle est un peu plus accessoire, mais comme on veut faire les choses bien, on va jusqu'au bout!

Si tu as eu ***besoin de faire plusieurs tours ou lignes pour dessiner ton ellipse, c'est normal:*** *tu n'es pas un ordinateur!* ***La beauté d'une ligne s'exprime parfois en plusieurs traits!***

DU TRIANGLE À LA PYRAMIDE

Comme pour le carré, tu peux représenter le premier plan avant de placer les lignes de profondeur.

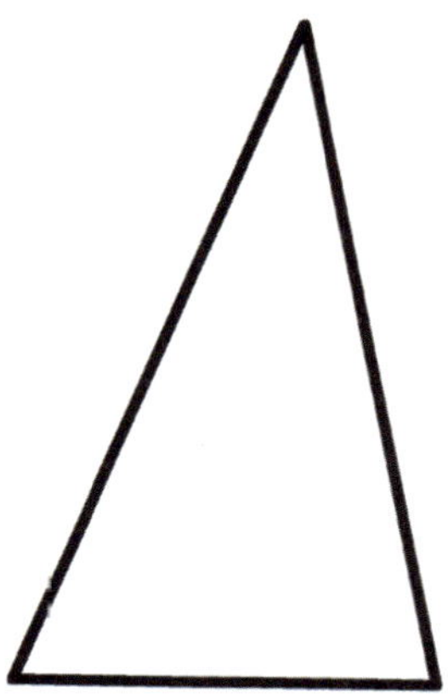

1 Dessine le triangle.

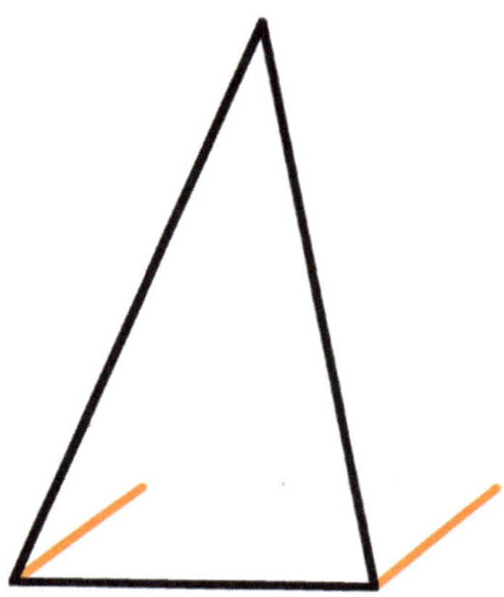

2 Place les lignes de profondeur; elles doivent être parallèles et de même longueur.

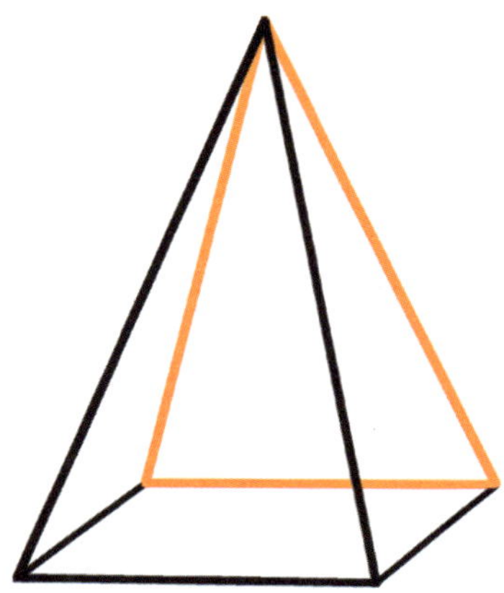

3 Relie enfin les trois dernières droites, en formant ainsi un nouveau triangle dans le fond.

ATTENTION : Les deux prochaines formes ne s'inscrivent pas dans la forme dite « plate », car elles sont composées de deux figures basiques, créant ainsi une figure plus complexe.

LE CYLINDRE

Il ressemble à la combinaison de deux ellipses (une à chaque extrémité, supérieure et inférieure, formant les bases de la figure) et d'un rectangle (sur les côtés de la figure) qui n'est perceptible que lorsque l'on analyse la construction d'ensemble en relief.

1 Dessine l'ellipse formant la base du cylindre. Trace deux droites montantes, parallèles et de même longueur.

2 Trace la seconde ellipse, identique et parallèle à celle de la base.

3 Le fond de l'ellipse inférieure étant à l'arrière-plan, tu peux le gommer pour obtenir le cylindre de face.

LE CÔNE

Un cône ressemble à une combinaison d'une ellipse (à la base) et d'un triangle (sur les côtés) qui n'est également perceptible que lorsque l'on étudie la construction de la figure en relief.

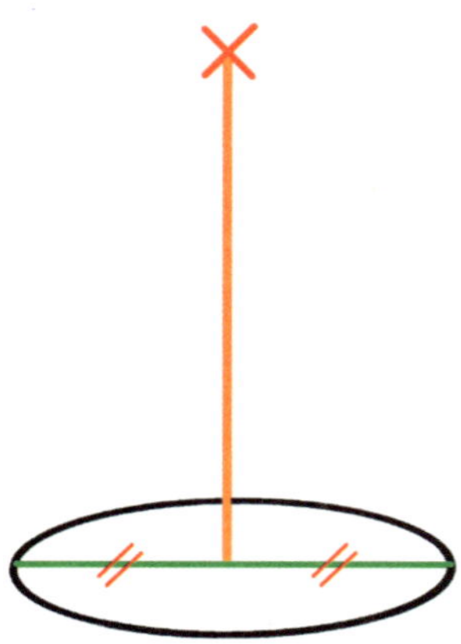

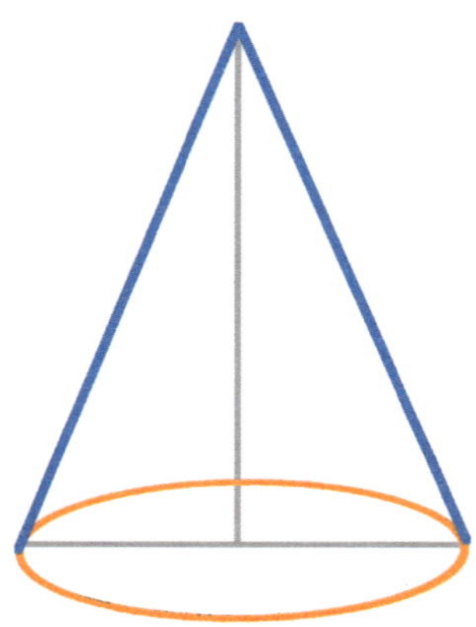

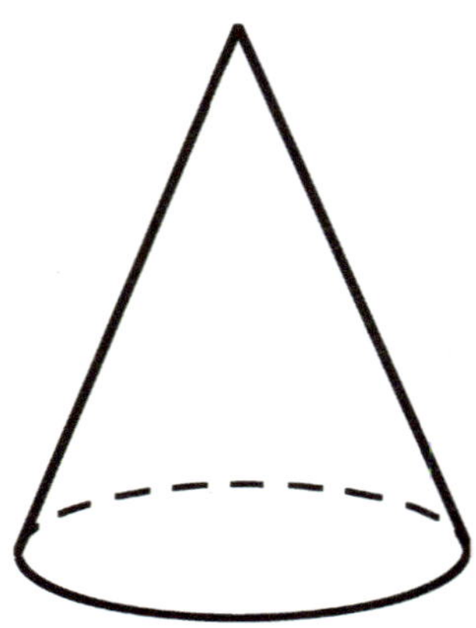

1 Dessine l'ellipse qui formera la base du cône. Place un point, obtenu grâce à une verticale qui prend sa base au centre de l'ellipse.

2 Relie les extrémités de l'ellipse à ce point par deux droites de même longueur.

3 Le fond de l'ellipse à l'arrière-plan, tu peux le gommer pour obtenir le cône vu de face.

La théorie des ombres

Dessiner une figure par ses lignes permet de lui donner un aspect de volume fonctionnel. Mais si tu souhaites aller encore plus loin, mettre des ombres permettra de les rendre plus réalistes.

Les ombres dépendent directement de la lumière. Chaque source de lumière se diffuse de façon spécifique sur un objet, selon son intensité et sa distance par rapport à celui-ci.

Imaginons que notre source de lumière est à gauche, alors l'ombre sera à droite, car la partie de droite est trop éloignée de la source lumineuse et ne peut en bénéficier si elle se trouve à l'opposé.

OMBRE PORTÉE ET OMBRE PROJETÉE

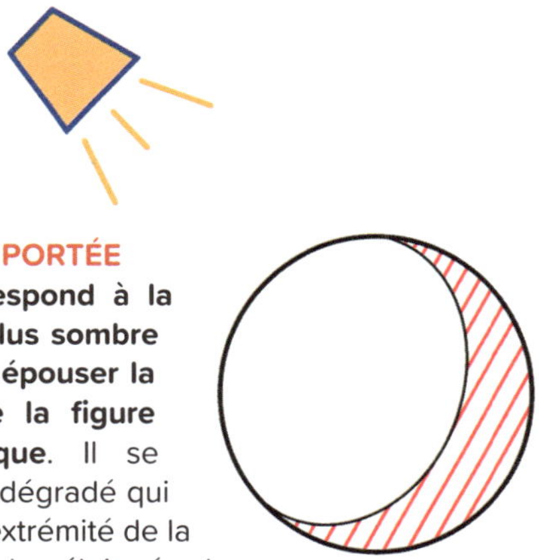

L'OMBRE PORTÉE

Elle correspond à la nuance plus sombre qui vient épouser la forme de la figure géométrique. Il se forme un dégradé qui part de l'extrémité de la figure la plus éloignée de la source de lumière, pour aller jusqu'à l'extrémité la plus claire.

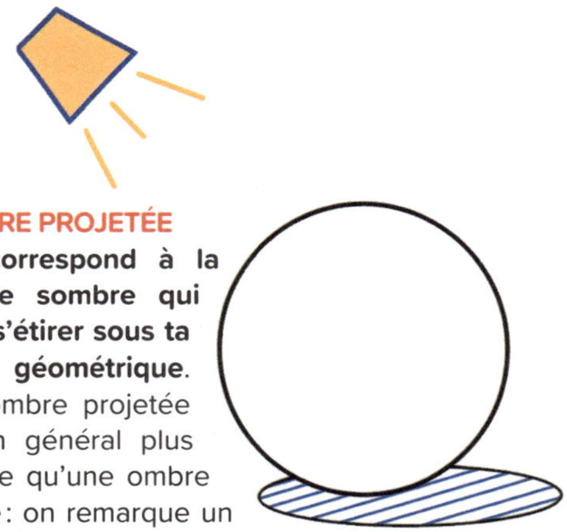

L'OMBRE PROJETÉE

Elle correspond à la nuance sombre qui vient s'étirer sous ta figure géométrique. Une ombre projetée est en général plus sombre qu'une ombre portée : on remarque un dégradé dont la zone la plus sombre se trouve sous la figure.

Si tu combines ombre portée et ombre projetée en ajoutant une petite brillance symbolisant la lumière, cela accentuera les contrastes et l'effet de réalisme sera plus grand et l'impression de volume encore plus efficace !

Pour t'aider, tu peux imaginer la source de lumière que tu souhaites : le soleil, une lampe, un feu de camp... Une source de lumière n'en valant pas une autre, chacune se diffuse sur l'objet de façon spécifique. Une lumière de bougie sera plus douce et plus timide qu'un phare de voiture. **Regarde autour toi et commence à observer l'action de la lumière dans ton quotidien !**

Le hachurage

Le hachurage consiste précisément à enchevêtrer des petites droites pour marquer une ombre de façon efficace et travaillée. C'est LA technique magique par excellence pour les dessinateurs de manga et de bande dessinée. Elle permet d'**ombrer rapidement** un dessin sans avoir besoin de remplir toute une surface en dégradé, en évitant ainsi un travail long et fastidieux.

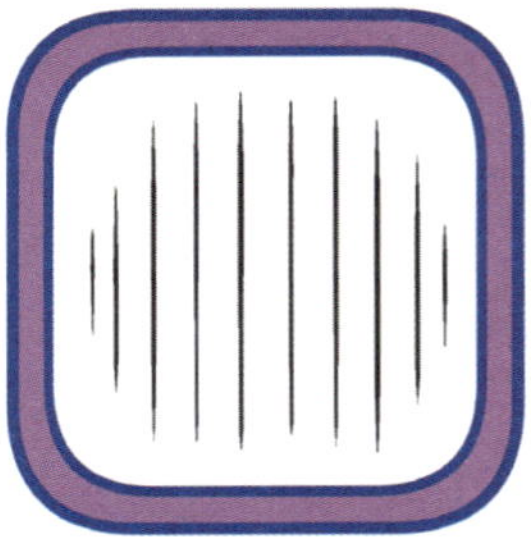

RÈGLE N° 1
Les droites hachurées doivent toujours être parallèles entre elles.

RÈGLE N° 2
Les droites en biais donnent un effet moins rigide.

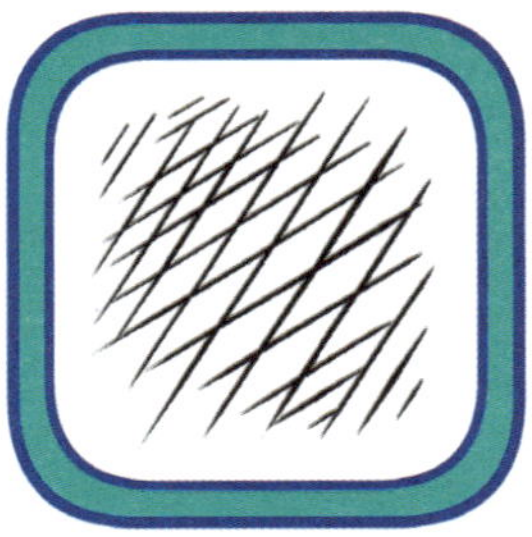

RÈGLE N° 3
Tu obtiendras une ombre plus profonde si tu superposes une seconde couche de hachures. L'angle parfait pour les croiser ? Entre 30° et 45° !

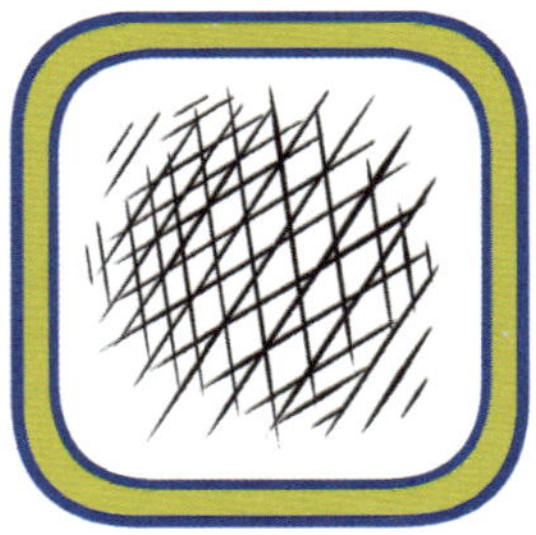

RÈGLE N° 4
Tu peux superposer autant de couches de hachures que tu veux pour obtenir la nuance d'ombre que tu recherches (ici, j'ai enchevêtré trois couches de hachures). Mais attention à ne pas oublier les trois premières règles !

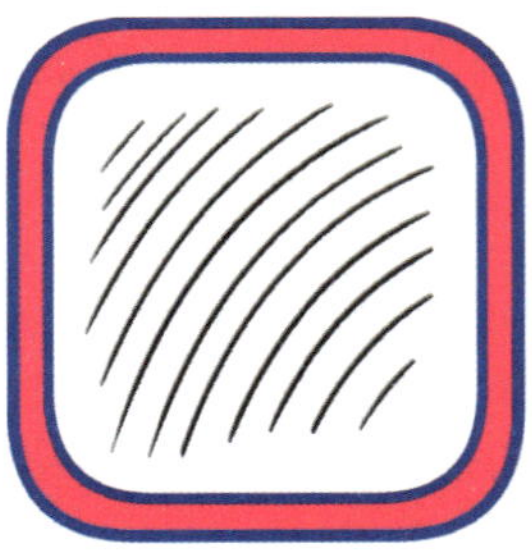

RÈGLE N° 5
Le hachurage courbé fonctionne sur le même principe, tous les traits sont parallèles. Il permet d'ombrer les surfaces arrondies.

RÈGLE N° 6
Le hachurage courbé peut aussi fonctionner en superposition. Très pratique pour faire un effet d'égratignures pour tes personnages en plein combat !

ATTENTION ! Je te déconseille de faire un angle droit : cela inverse l'effet de l'ombre en lui donnant un aspect plat et rigide. *A contrario*, tu trouveras souvent des hachurages en angle droit dans les mangas quand l'auteur veut représenter les ombres des bâtiments, murs ou surfaces, plats et rigides.

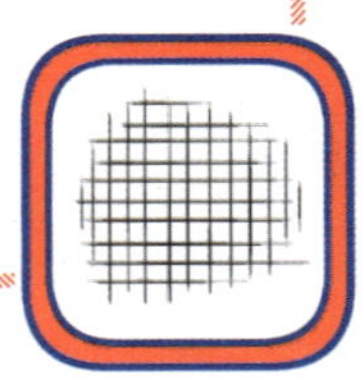

ALLEZ, MISE EN PRATIQUE!

Voici un exemple où **le hachurage VERTICAL permet d'ombrer** ou de donner au personnage un **rendu émotionnel plus fort,** le rendant ici « pas très commode ».

1 Dessine ce personnage pas très commode.

2 Sélectionne la zone où tu souhaites placer tes hachures.

3 Hachure verticalement pour ombrer ton personnage.

Et voilà le travail !

Quand tu atteindras le chapitre 4 sur les expressions du visage manga (voir page 96), tu pourras revenir sur cet exercice aisément !

Le hachurage en dégradé

Tu auras parfois **besoin d'atténuer ton hachurage pour assouplir le passage de l'ombre à la lumière dans un dessin.** Pour éviter une séparation trop marquée entre la partie ombrée et la zone lumineuse, **tu peux dégrader ton hachurage. Il existe pour cela deux techniques.**

TECHNIQUE N° 1

En réduisant la pression de ton crayon petit à petit, pour avoir un trait de plus en plus léger et doux tout en diminuant graduellement la taille de tes traits.

TECHNIQUE N° 2

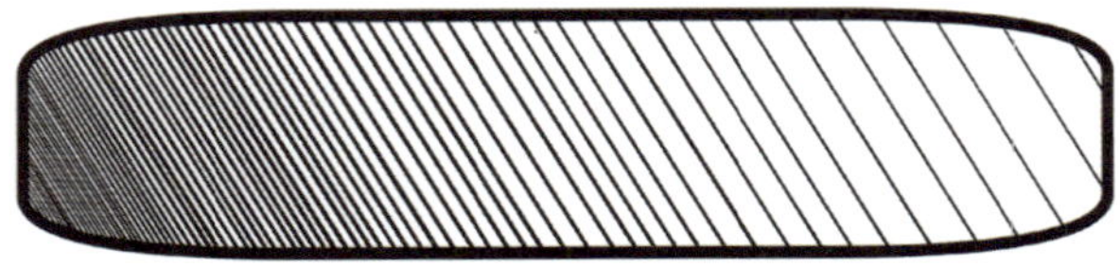

En augmentant progressivement l'espace entre les traits.

ALLEZ, MISE EN PRATIQUE !

Pour t'entraîner, je te conseille cet exercice un peu académique, mais très formateur pour ombrer une sphère et un cube en hachurage. Cela demande un petit peu de pratique, mais grâce aux techniques de dégradé ci-dessous et aux règles de hachurage, tu y arriver toi aussi !

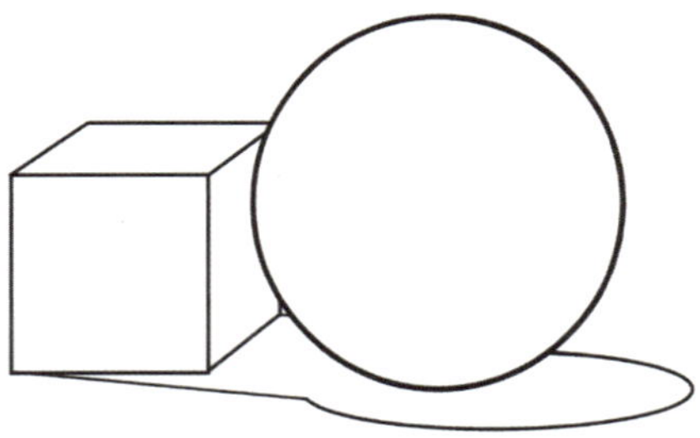

1 Dessine un cercle et un cube.

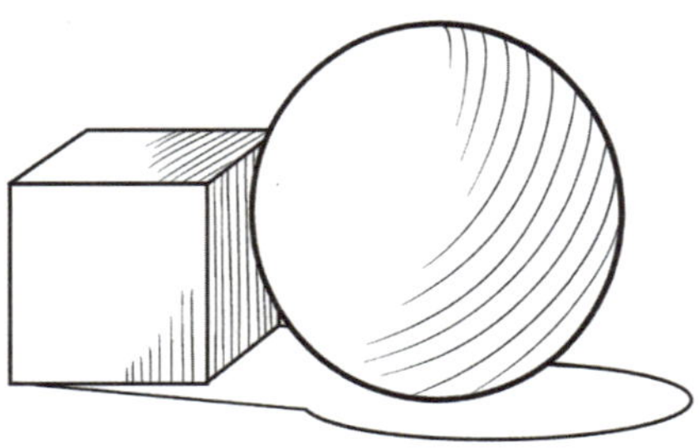

2 Pose les premières bases de ton hachurage : **courbé pour la sphère, et droit pour le cube.**

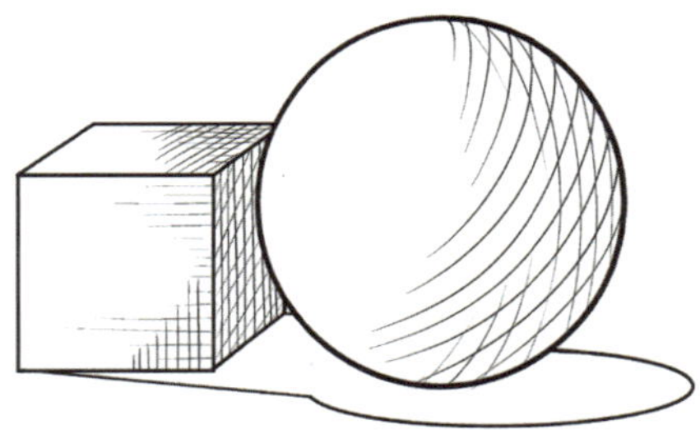

3 **Superpose une deuxième couche** de hachurages — en respectant bien les règles vues page 16.

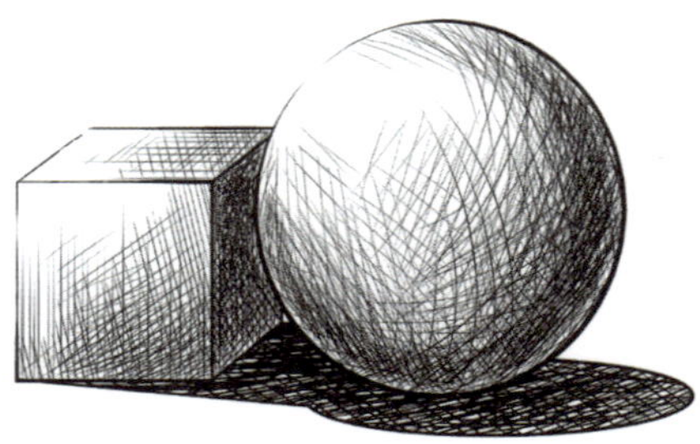

4 Superpose une troisième couche, et ainsi de suite, jusqu'à obtenir l'intensité d'ombre que tu souhaites.

INCLINER LES FIGURES GÉOMÉTRIQUES

Tu sais maintenant représenter une figure géométrique en 2D et en 3D. Mais comment faire pour la dessiner dans tous les sens ? Cette étape est la première porte de tes futurs décors et mouvements de personnages.

Comme pour une forme géométrique classique, commence par dessiner le plan le plus proche de toi, en soignant avant tout le parallélisme et l'aspect rectiligne de tes droites.

Vue du dessous

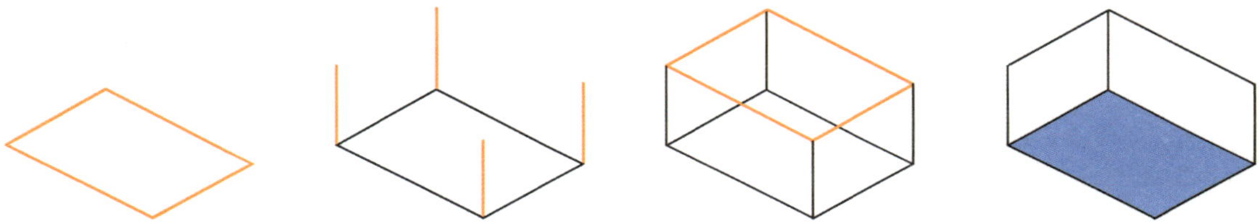

1 Dessine un rectangle qui, une fois incliné, devient un parallélogramme. C'est la surface la plus proche de toi, représentant le DESSOUS de ta figure.

2 Trace la hauteur par des droites ASCENDANTES parallèles entre elles.

3 Relie les points restants entre eux de façon à ce qu'ils soient parallèles au parallélogramme tracé à l'étape 1.

4 Gomme les droites qui doivent être invisibles quand tu vois ta forme du DESSOUS.

Vue du dessus

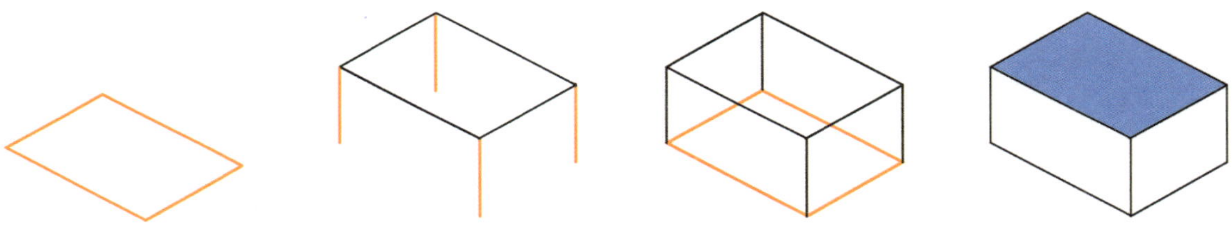

1 Dessine un rectangle qui, une fois incliné, devient un parallélogramme. C'est la surface la plus proche de toi, représentant le DESSUS de ta figure.

2 Trace la hauteur par des droites DESCENDANTES parallèles entre elles.

3 Relie les points restants entre eux de façon à ce qu'ils soient parallèles au parallélogramme tracé à l'étape 1.

4 Gomme les droites qui doivent être invisibles quand tu vois ta forme du DESSUS.

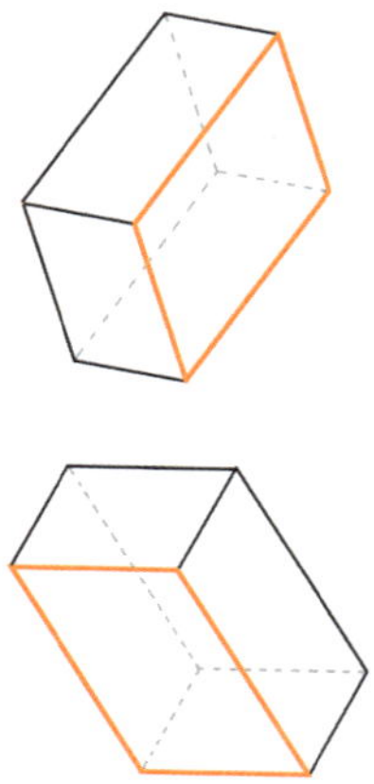

Pour faire bouger ta forme géométrique dans tous les sens, il faut simplement incliner sa base, en respectant toujours les règles primordiales que tu as apprises dans ce chapitre :

- **Commence toujours par dessiner la surface la plus proche de toi.**
- **Indique la direction de la profondeur.**
- **Respecte le parallélisme de la base de la figure.**

Ici, la partie orange représente la partie la plus proche de toi, donc celle que tu dois représenter en premier.

COMBINER DES FIGURES GÉOMÉTRIQUES

Si tu combines judicieusement ces figures géométriques pouvant paraître simples, les formes nécessitant des détails ou des volumes plus complexes te sembleront plus faciles d'accès.

Tu pourras ainsi représenter les premières structures de tes personnages, de tes décors et accessoires grâce à ces simples formes géométriques !

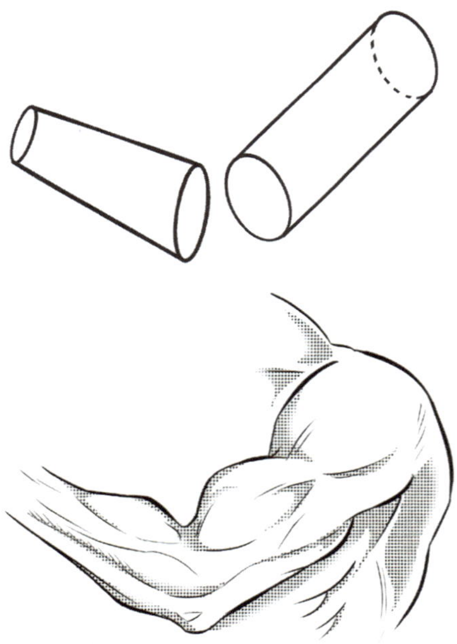

Cône + cylindre
peuvent constituer
la structure d'un bras.

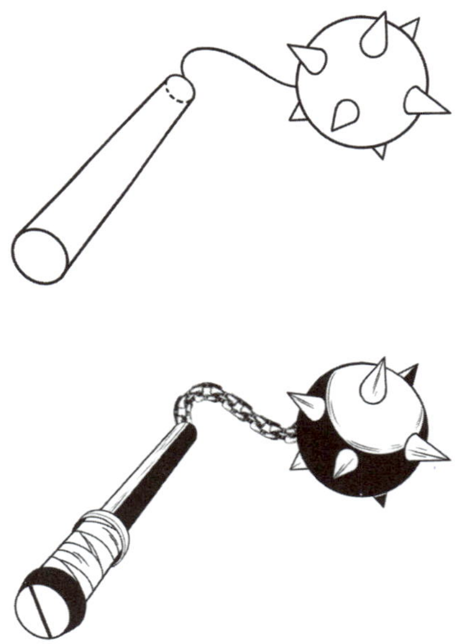

Cylindre + sphère + petit cône
peuvent constituer
la structure d'une masse d'arme.

CONCLUSION

Les figures géométriques seront tes meilleures alliées dans ton aventure de mangaka. Prends le temps de maîtriser chacune d'elles: tu pourras ensuite faire jaillir ton potentiel créatif en le soutenant efficacement par une excellente structure géométrique.

On s'entraîne !!!

EXERCICE 1

DESSINE LES 5 FIGURES EN 3D DE CE CHAPITRE. À RÉPÉTER 3 FOIS !

EXERCICE 2

DESSINE CES 5 FIGURES SOUS 3 ANGLES DE VUE DIFFÉRENTS.

EXERCICE 3

REPRENDS LES TECHNIQUES DE HACHURES ET ENTRAÎNE-TOI À EN COUVRIR TOUTE UNE FEUILLE A4 ! SOIS BIEN ATTENTIF AU PARALLÉLISME !

がんばって*

*Ganbatte : Fais de ton mieux !

LE DÉFI !

DESSINE LE BRAS ET LA MASSE D'ARME EN T'AIDANT DES FORMES GÉOMÉTRIQUES SUGGÉRÉES.

POUR RÉUSSIR L'EXERCICE DÉFI

Pour réussir le défi, sois bien méthodique et construis les formes géométriques plan par plan… Et ne compte jamais sur la fée « à peu près » !

POUR ALLER PLUS LOIN ET T'INSPIRER

VOICI UNE DOUBLE PAGE D'EXEMPLES POUR PROLONGER EN IMAGES LES NOTIONS VUES DCE CHAPITRE.

UN DESSINATEUR APPREND AVANT TOUT EN OBSERVANT ET EN S'ENTRAÎNANT.

JE T'INVITE DONC À RECOPIER ENTIÈREMENT CETTE DOUBLE PAGE POUR ENRICHIR TON EXPÉRIENCE DES FORMES GÉOMÉTRIQUES !

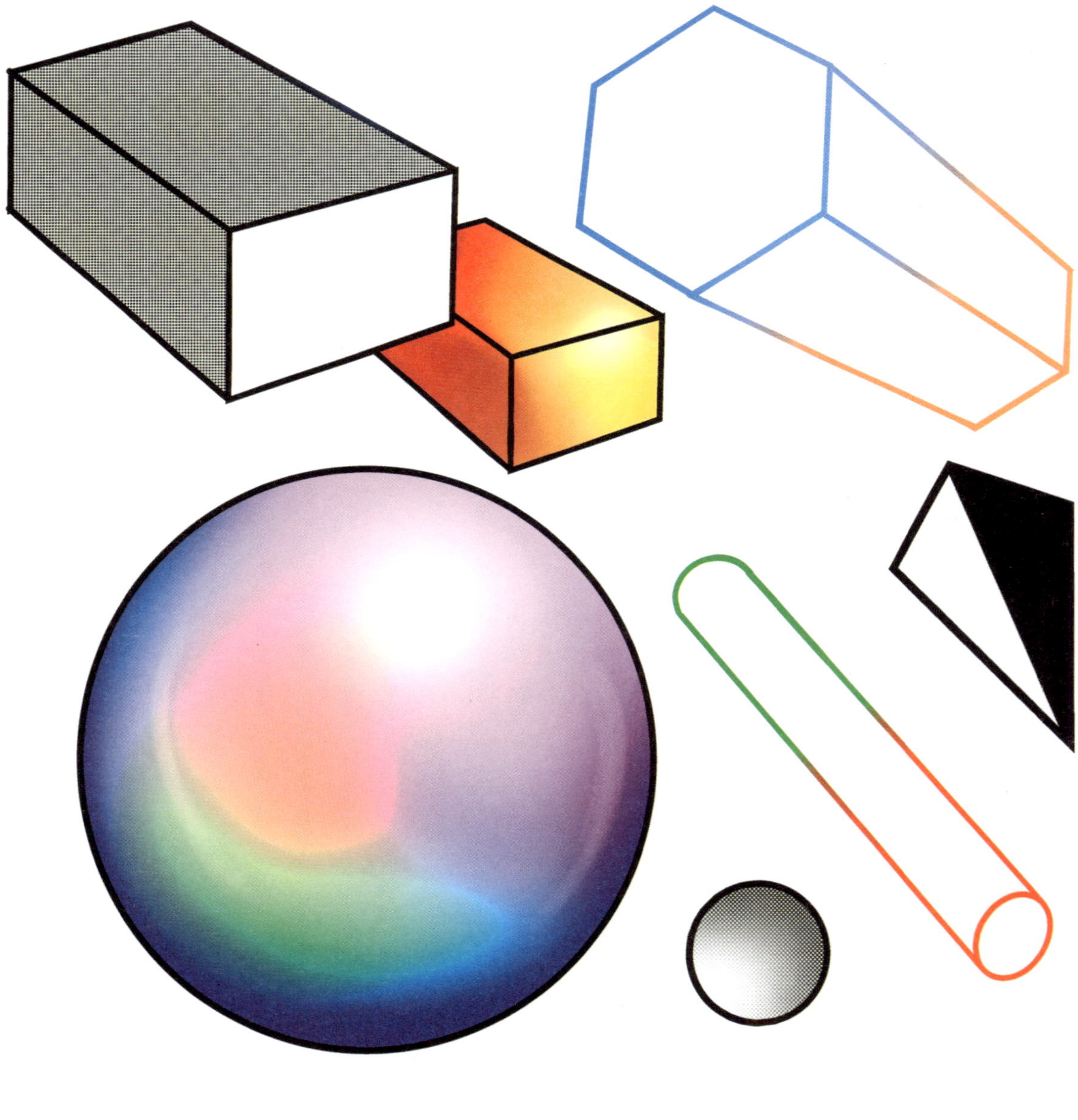

CHAPITRE

2

LE VISAGE

PREMIER PAS VERS LE PERSONNAGE

L'ATTENTE NE FUT PAS LONGUE ! NOUS VOILÀ DÉJÀ DEVANT LA PREMIÈRE PORTE VERS LE MONDE DU DESSIN MANGA.

CHAQUE MANGAKA (OU TOUT AUTRE DESSINATEUR) A COMMENCÉ PAR LA CONSTRUCTION D'UN VISAGE DE FACE ET DE PROFIL. C'EST CE QUI PERMET DE POSER LES PREMIÈRES BASES VERS LA 3D ET DE DÉFINIR LES PROPORTIONS DU HÉROS OU DE L'HÉROÏNE !

LES FORMES GÉOMÉTRIQUES DU CHAPITRE PRÉCÉDENT SERONT DE LA PARTIE POUR T'AIDER, AINSI QUE LES « ASTUCES DE CRAYON » PRÉSENTÉES AU DÉBUT DU LIVRE !

C'EST PARTI !

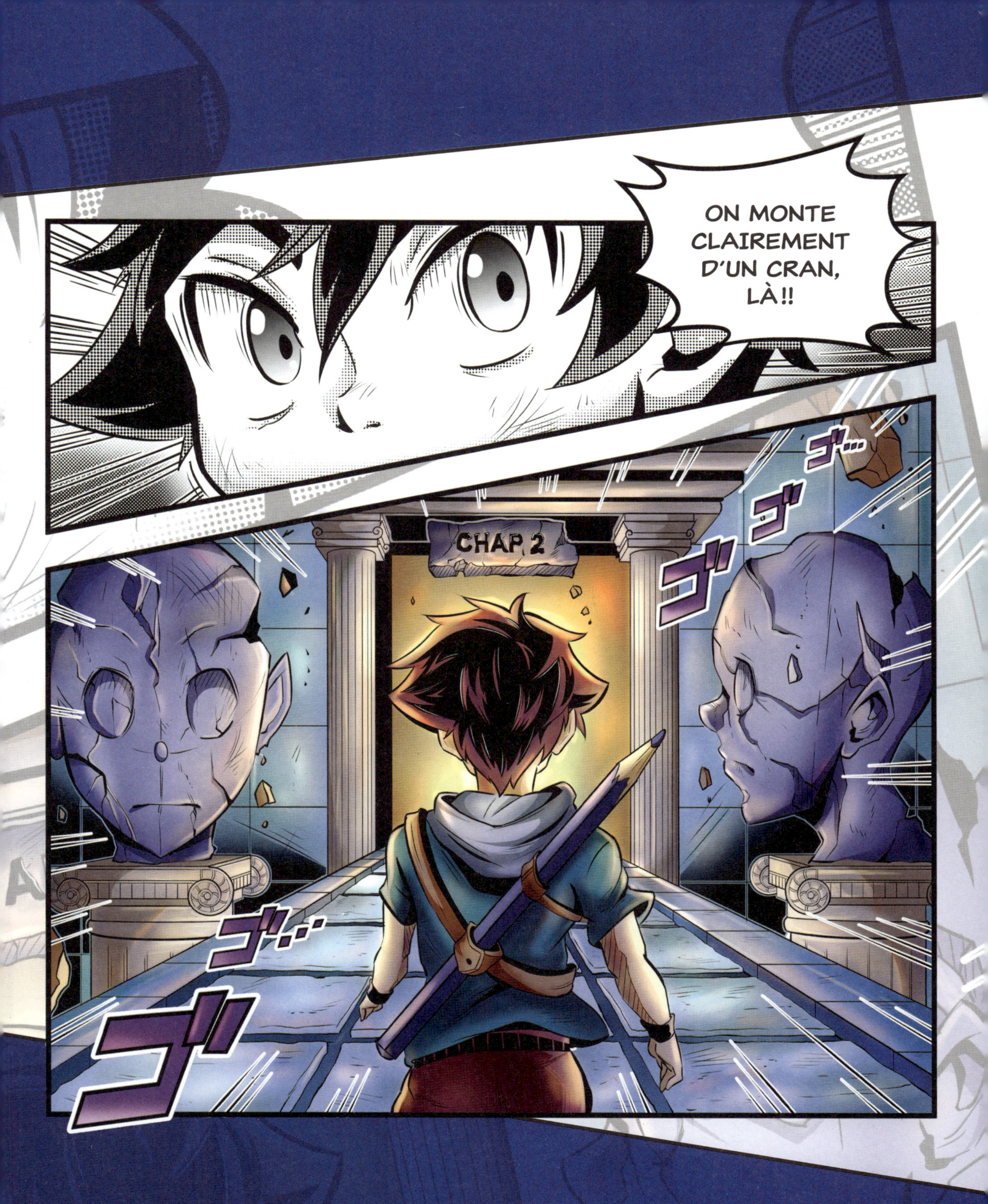
ON MONTE
CLAIREMENT
D'UN CRAN,
LÀ!!
CHAP 2
ゴ ゴ ゴ…
ゴ…
ゴ

CHAPITRE 2

LE CRÂNE

Dessiner un squelette ? Un personnage réaliste ? Ouh là, je comprends ton inquiétude face à la complexité de ce genre de dessin !

Mais les personnages d'un manga, bien qu'imaginaires, prennent bel et bien racine dans notre réalité. Nous allons donc prendre le temps d'étudier les notions les plus importantes de l'anatomie humaine. **Car les comprendre, c'est pouvoir les représenter.**

Par exemple, savoir dessiner un crâne permet de mieux définir le placement des pommettes, du menton, ou même d'imaginer le cartilage sur le nez.

Tout cela te permettra au final de donner un effet plus travaillé et plus profond à tes personnages !

VUE DE PROFIL

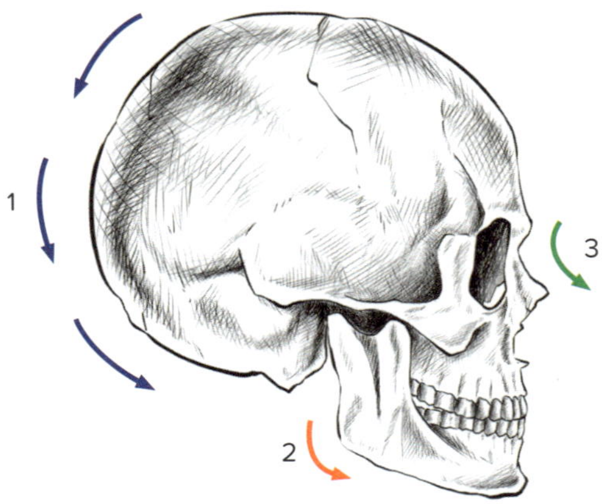

Sous cet angle, on remarque la rondeur et la largeur du crâne **(flèches bleues)**, la cassure en angle droit marquant la mâchoire **(flèche rouge)**, et la courbe du nez **(flèche verte)**.

VUE DE FACE

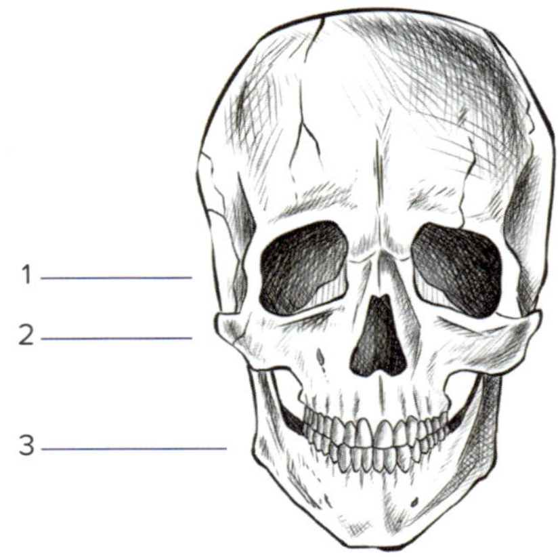

Les cavités et zones plus sombres permettent d'imaginer le futur emplacement des yeux (1), du nez (2) et de la mâchoire (3).

MON CONSEIL

Ces notions peuvent paraître évidentes, mais quand tu commenceras à dessiner tes personnages, garde bien en tête ces points essentiels qui construisent le visage humain à partir de l'os.

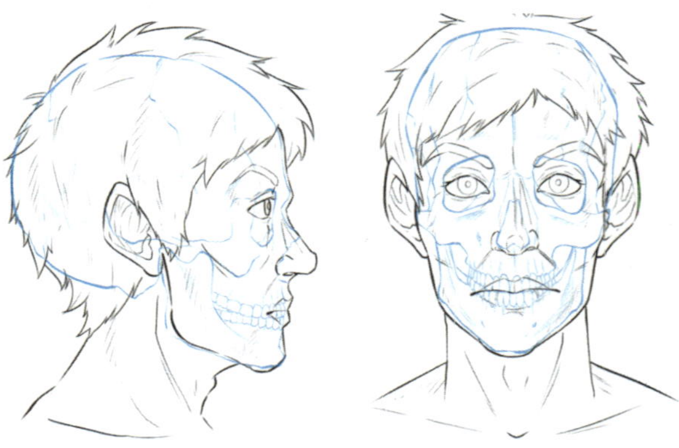

Je mets le crâne en transparence pour que tu puisses faire **le lien entre crâne et visage.**

LES PROPORTIONS

Les Homo sapiens sapiens que nous sommes possèdent des proportions générales communes. En dessin, elles se retrouvent dans ce que l'on appelle les conventions artistiques de proportions, qui s'appuient sur une moyenne commune des proportions du corps humain.

ON PEUT DIVISER LE VISAGE EN TROIS PARTIES

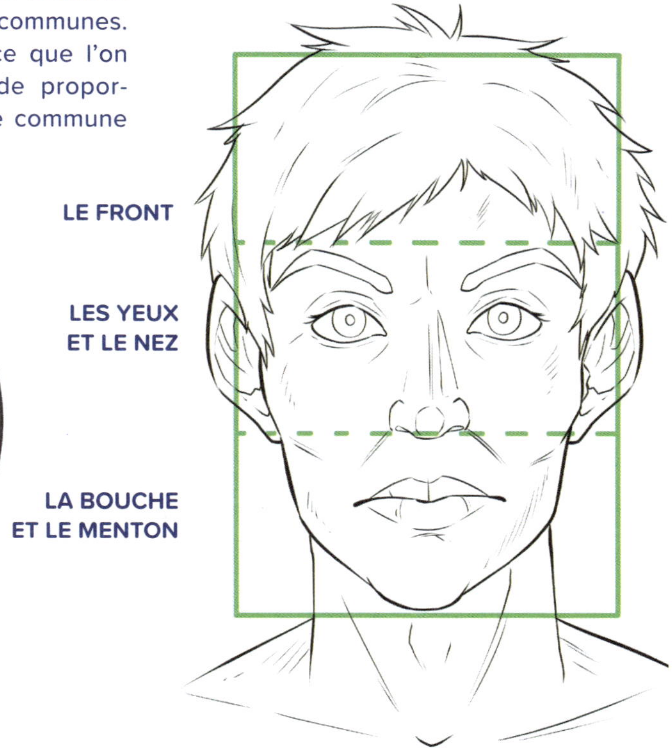

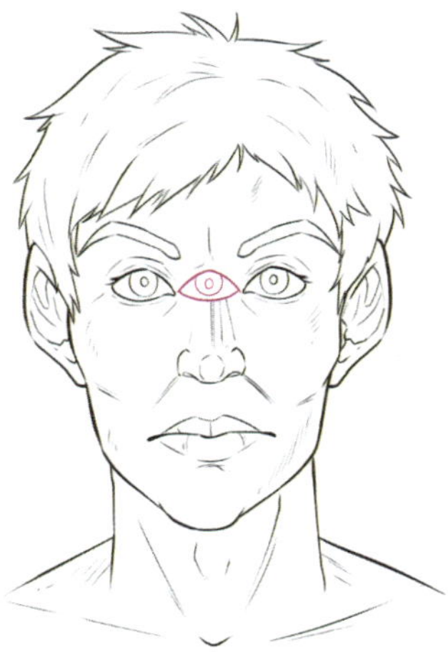

LES YEUX
Ils sont séparés par l'équivalent de la taille d'un œil.

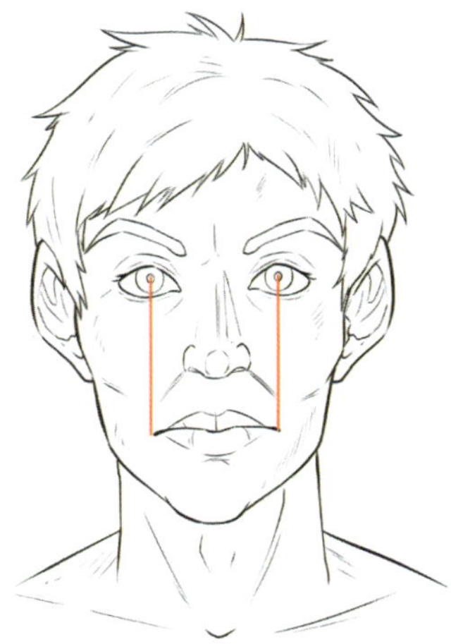

LA BOUCHE
SI l'on trace une droite verticale en partant des yeux, on obtient approximativement la largeur des lèvres.

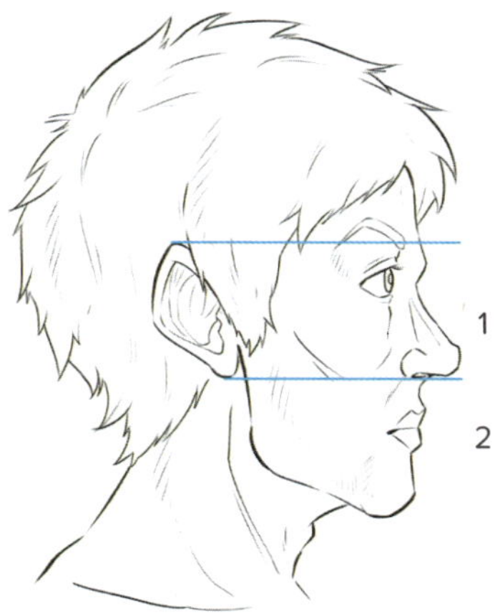

LES OREILLES
Si l'on trace deux droites horizontales, l'une partant du haut des yeux (1) et l'autre de la base du nez (2), on obtient la hauteur des oreilles.

CHAPITRE 2

Le visage de face

Le visage manga est composé de formes géométriques simples : droites, cercles, ovales, courbes.

C'est l'ordre du dessin et l'agencement des figures qui te permettront, après un peu d'entraînement, de les réaliser presque les yeux fermés, sans effort et à une vitesse record !

Ces étapes sont très détaillées. Au début, suis-les toutes avec précision... Mais assez rapidement, après plusieurs exercices, tu verras que tu pourras passer outre quelques-unes !

MON CONSEIL

Quand tu dessines les traits de construction de ton personnage, n'appuie pas trop fort sur ton crayon : sois léger pour pouvoir gommer et retravailler ton dessin plus facilement.

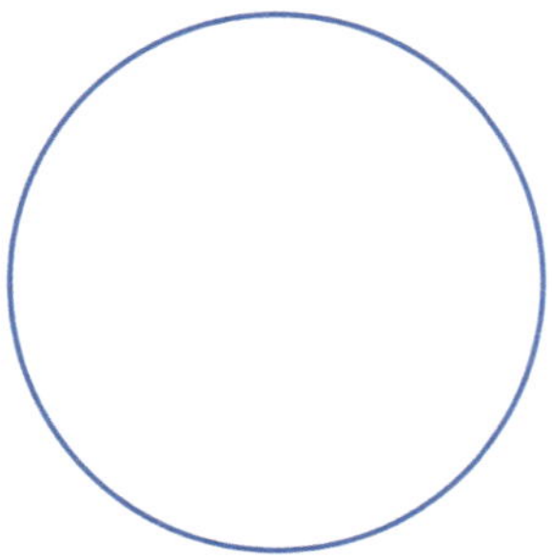

1 LA FORME DU VISAGE
Commence par dessiner un cercle.

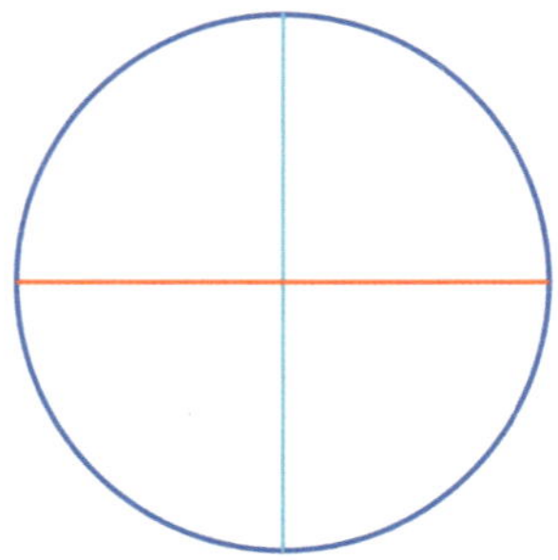

2 Trace une droite verticale et une droite horizontale qui **scindent ton cercle en quatre parties égales.**

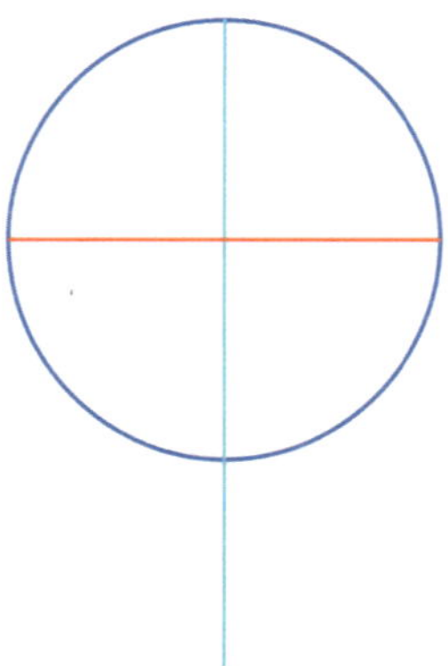

3 LE MENTON
Reporte la distance d'une moitié du cercle en dessous du cercle et ajoute un petit point pour prévisualiser l'emplacement du menton.

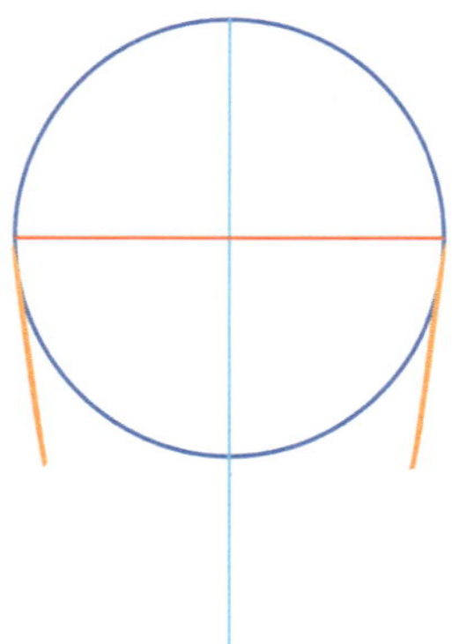

4 LA MÂCHOIRE
Marque le début de la mâchoire en dessinant deux droites : pars des extrémités du cercle (au niveau de la droite horizontale), puis dirige légèrement ton trait vers le point situant du menton.

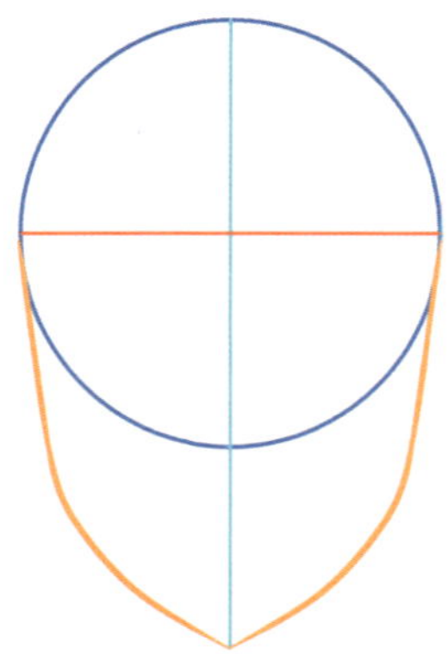

5 Termine la mâchoire en dessinant deux légères courbes qui viennent atteindre le point que tu as fixé : tu vas obtenir ce menton pointu typiquement « manga » !

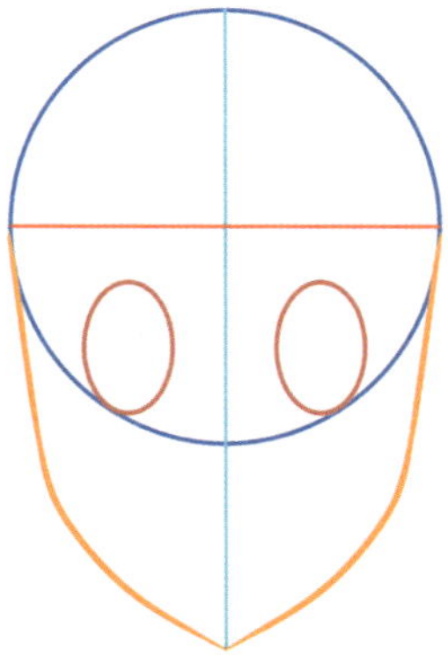

6 L'EMPLACEMENT DES YEUX

Place deux ovales juxtaposés au bas du cercle pour marquer l'emplacement des yeux (et non leur forme).

POURQUOI CES OVALES NE MARQUENT-ILS QUE L'EMPLACEMENT DES YEUX? BONNE QUESTION!

Il existe autant de façon de dessiner les yeux qu'il existe de mangas!

Au début de ton apprentissage, contente-toi de définir ce petit périmètre pour t'aider déjà à bien situer leur emplacement sur le visage.

Nous reviendrons plus tard en détail sur ce point (voir page 101), pour que tu puisses remplacer ces ovales par de magnifiques « yeux mangas » !

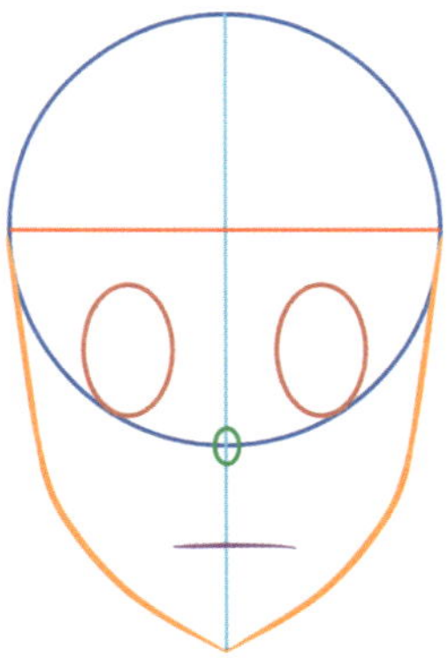

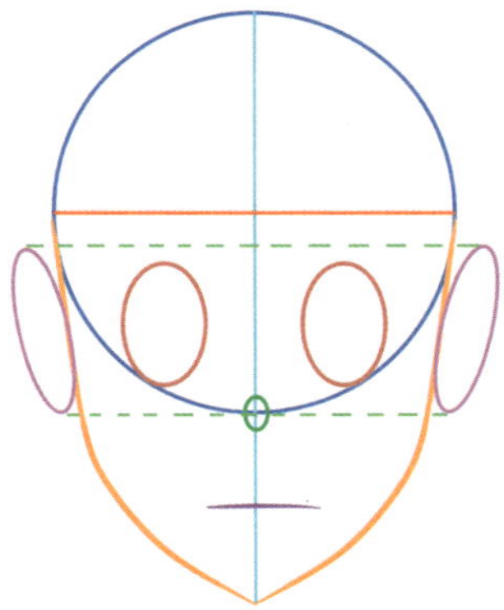

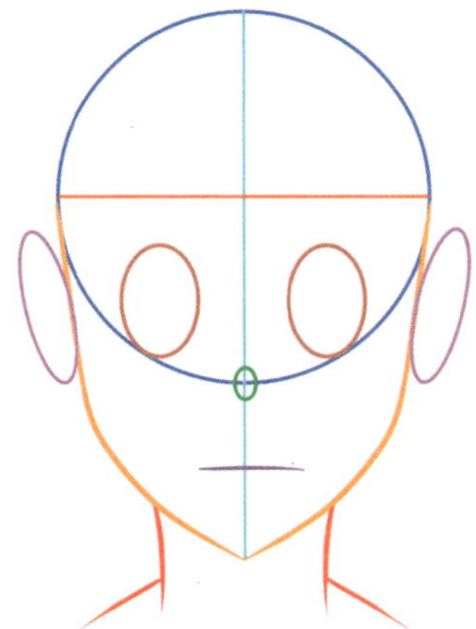

7 LE NEZ ET LA BOUCHE

Place le nez à l'intersection du cercle et de la ligne verticale. Représente-le par un petit cercle pour visualiser son emplacement.

La bouche se situe à mi-distance entre le nez et le menton.

8 LES OREILLES

On l'a vu, elles se situent dans l'alignement du haut des yeux et du bas du nez. Marque leur emplacement par deux ellipses pas trop larges... sinon ton personnage semblera avoir les oreilles décollées !

9 LE COU

Esquisse le cou par des traits comme ici. Nous aborderons cette partie du corps plus en détail dans un prochain chapitre (voir page 48).

Et voilà ! À toi maintenant de personnaliser ce visage !

MON CONSEIL

Si ton crayonné de construction est trop foncé, allège-le en passant un très léger coup de gomme (comme si tu caressais la feuille) : les traits apparaissent encore, mais atténués. Ils sont là pour t'aider à dessiner un visage équilibré.

Le visage de profil

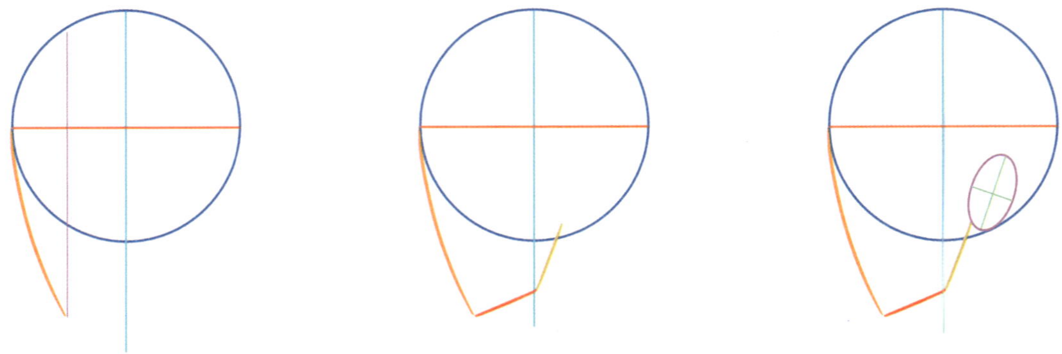

1 LA FORME DU VISAGE
Dessine un cercle. Trace une ligne verticale qui coupe le cercle en deux parties égales et se prolonge vers le bas.
Dessine une ligne horizontale qui coupe aussi le cercle en deux parties égales.
Dessine une courbe en biais dont le point de départ se situe à l'extrémité de la ligne horizontale.

2 LE MENTON ET LA MÂCHOIRE
Trace une ligne qui rejoint la ligne médiane verticale prolongée du cercle (en bleu clair) : elle forme quasi un angle droit avec la ligne orange. Le menton est maintenant placé.
Trace une droite montante en biais, qui traverse légèrement le cercle : la cassure qui se crée forme la mâchoire.

3 L'OREILLE
Dessine un ovale tangent avec le cercle. Attention : nos oreilles ne sont pas réellement verticales ni perpendiculaires au sol : chez l'homme, le mouvement naturel d'une oreille va vers l'arrière !

Les rythmes de la ligne

En dessin, les rythmes de ligne sont les différentes directions que ton trait va prendre pour venir rythmer ton dessin. À chaque fois que ta ligne changera de direction, elle aura alors aussi changé de « rythme ».

Il existe deux principaux rythmes :

- LA COURBE
- LA CONTRE-COURBE : la ligne qui se courbe à l'opposé d'une première ligne courbée.

Enchaîner de légers rythmes de courbe et de contre-courbe permet de rendre une ligne attractive.

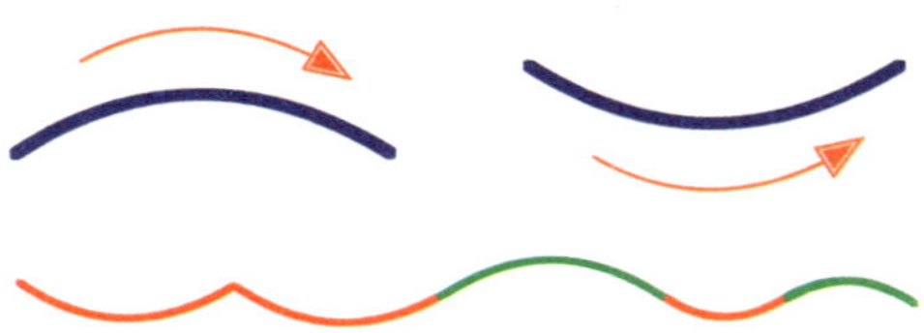

Voici une ligne rythmée basique.

En vert : les courbes

En rouge : les contre-courbes.

La « partition » de la ligne est la suivante :
contre-courbe + contre-courbe + courbe + contre-courbe + courbe.

Voici le moment fatidique… et magique! L'enchaînement de courbes et des contre-courbes va faire apparaître ta silhouette de profil!

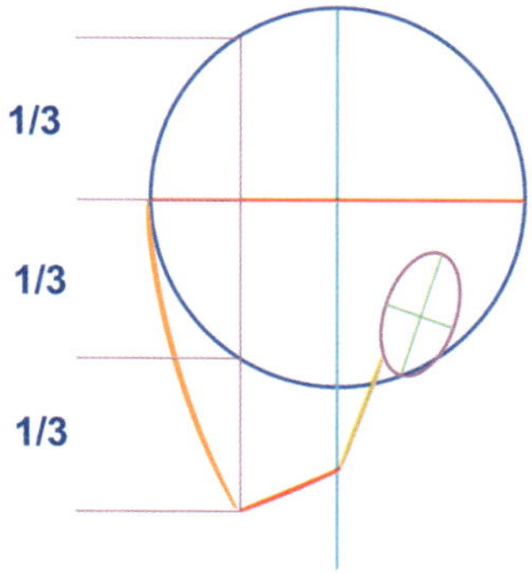

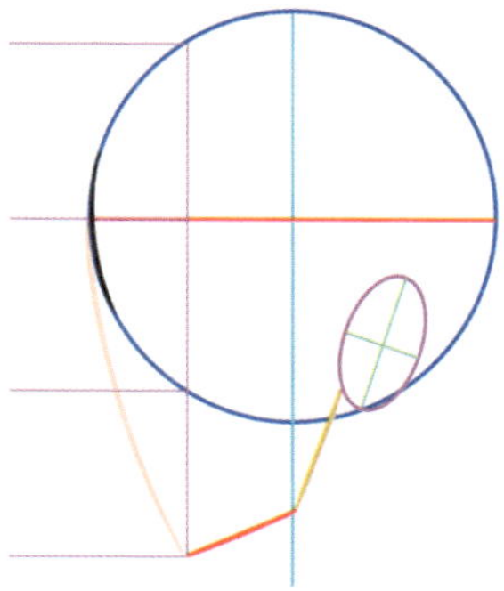

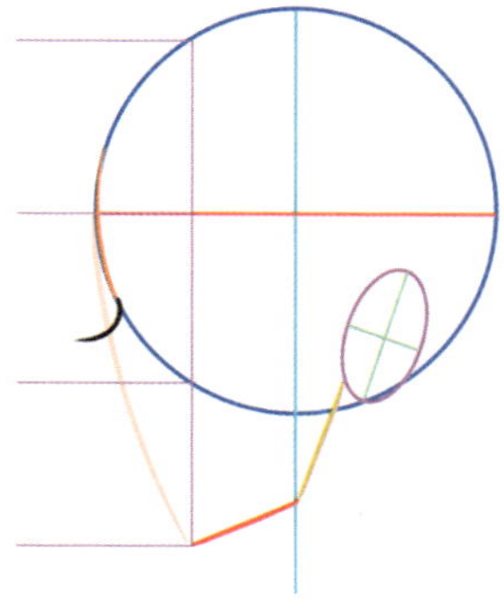

4 Trace une ligne droite verticale qui passe par le menton et coupe la médiatrice en deux parties égales. Si tu divises cette dernière ligne droite verticale, tu obtiens les proportions des trois tiers du visage réaliste.

5 **LE FRONT**
Allège légèrement la courbe en biais dessinée à l'étape 4. Marque le front en dessinant une courbe qui épouse la forme du cercle.

6 **LE NEZ**
Dessine une contre-courbe mi-longue qui vient former le dessus du nez. Puis une courbe qui vient former le dessous du nez (cette courbe rejoint le premier tiers et la ligne de l'étape 4).

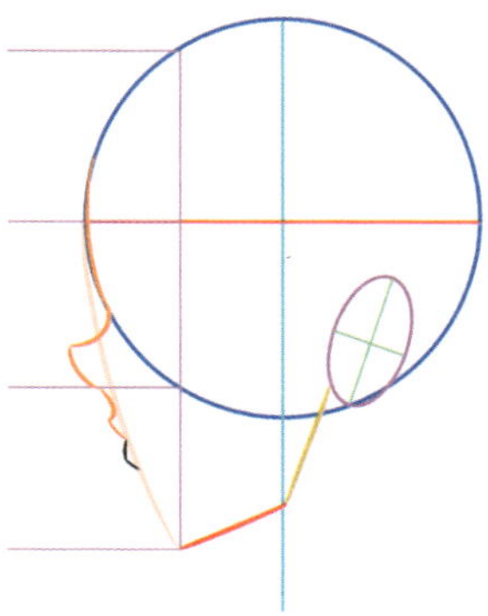

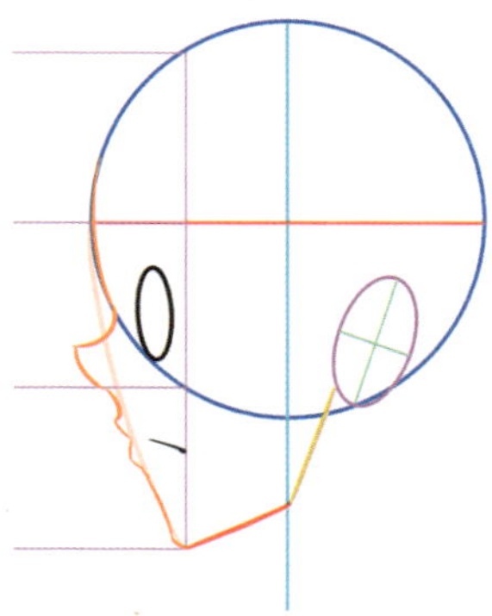

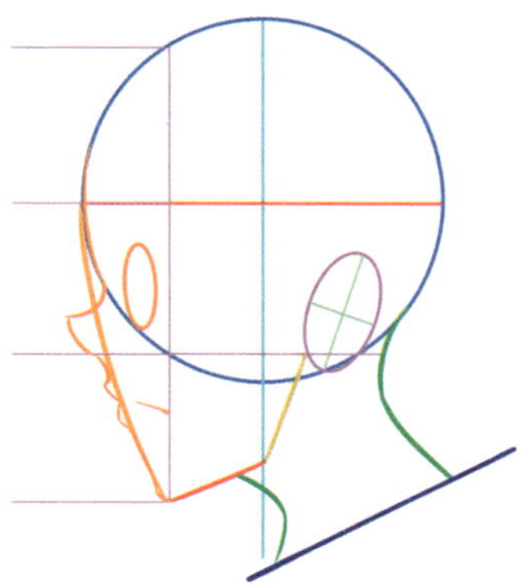

7 **LES LÈVRES**
Dessine une contre-courbe qui vient former le dessus des lèvres (qu'on appelle « la crête philtrale »). Puis trace une courbe pour marquer la lèvre supérieure de ton personnage. Et enfin une petite courbe + une petite contre-courbe pour marquer la lèvre inférieure.

8 **L'ŒIL ET LA BOUCHE**
Dessine une contre-courbe plus longue et une courbe courte pour terminer le dessin du menton. Tu peux à présent placer une ellipse verticale pour symboliser l'œil, et un petit trait pour la bouche (ils doivent tous être alignés).

9 **LE COU**
Place le cou en dessinant les traits comme représentés ici.

Maintenant, allège ton dessin en gommant ses traits de construction… personnalise-le!

Voilà! Tu viens d'apprendre à dessiner un visage manga de face et de profil. C'est une façon de faire parmi d'autres, mais la technique est toujours globalement la même et j'ai spécialement conçu celle-ci pour que tu puisses te repérer grâce à des mesures et des points géométriques. Au fil de ton apprentissage, n'hésite pas à casser les codes pour finir par trouver ta propre technique!

CHAPITRE 2

L'OREILLE

Complexes à dessiner, les oreilles ? Regardons-y de plus près !

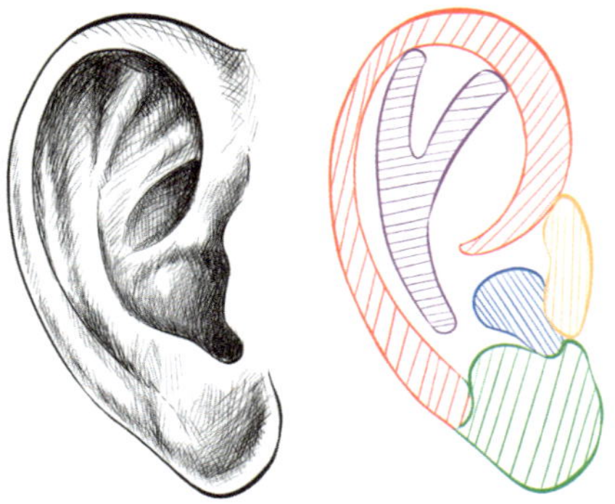

L'oreille est constituée de cinq parties, toutes visibles en vue de profil :
- la spirale entrante, dite hélix et anti-hélix **(en rouge)**
- le Y de la fosse triangulaire **(en violet)**
- le tragus **(en orange)**
- la cavité, dite conque **(en bleu)**
- le lobe de l'oreille **(en vert)**

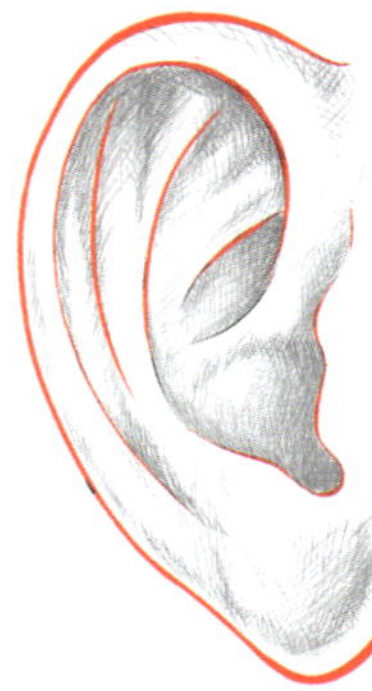

Mais nous n'aurons pas besoin de réaliser en détail toutes ces formes et ombres complexes : le manga est un art qui va à l'essentiel !

En rouge, voici les lignes importantes pour dessiner une oreille.

ASTUCE !

Souviens-toi qu'une oreille humaine n'est jamais parfaitement verticale: représente-la légèrement inclinée vers l'arrière.

L'oreille RÉALISTE de profil

Maintenant que nous savons à quoi ressemble une oreille réaliste, intéressons-nous à sa représentation version manga !

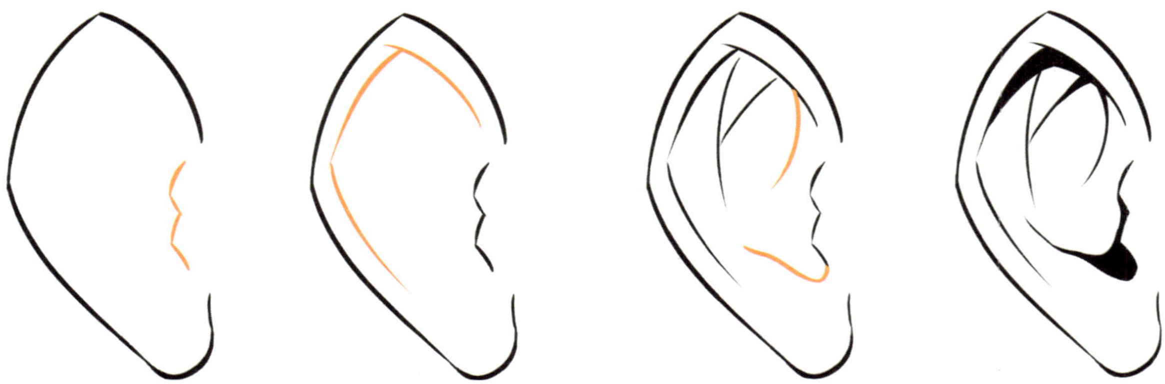

1 Dessine la courbe supérieure en trois temps (traits). Marque le dessin du lobe (cela ressemble à une grosse goutte). Dessine le tragus (cela ressemble à un « M » arrondi).

2 Termine la « spirale entrante » en répétant une courbe en trois temps.

3 Trace un « Y » courbé ; termine le tracé de la cavité et de la fosse triangulaire.

4 Place un bloc sombre pour marquer la cavité (pour représenter la profondeur d'un trou, il faut noircir la zone correspondante).

L'oreille manga de PROFIL

L'oreille de face est un peu plus compliquée à réaliser, car elle est vue en profondeur.

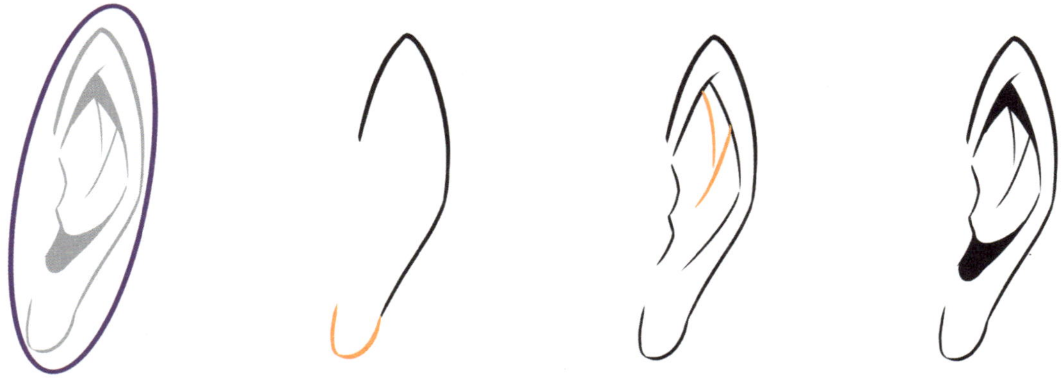

1 Trace une ellipse verticale et allège le trait avec ta gomme. À la fin du dessin, ton oreille doit pouvoir tenir dans l'ellipse.

2 Trace une droite fortement courbée qui vient indiquer le haut de l'oreille. Place le lobe. Contrairement à la vue de profil, il sera plus aplati sur les côtés.

3 Le M du tragus est en biais et pointe vers l'arrière. Termine la spirale entrante par une courbe en trois temps. Marque le Y plus finement que sur la vue de profil.

4 Termine le tracé de la cavité. Entoure-la de blocs sombres plus fins que sur la vue de profil.

IL Y A ÉNORMÉMENT DE FAÇONS DE DESSINER UNE OREILLE: ELLE PEUT ÊTRE POINTUE, CARRÉE, RONDE...

Dans le dessin manga, elle manque même parfois de détails ou de réalisme. Sais-tu pourquoi?

*Parce que **l'oreille n'a pas (ou quasi) d'intérêt narratif!***

On la représente parce qu'elle fait indubitablement partie du visage humain... mais c'est tout! D'ailleurs, je pense que tu ne t'es jamais dit: « Ce personnage a l'air puissant! Tu as vu ses oreilles? »

L'oreille apportera de l'effet narratif à ton personnage si tu y ajoutes une boucle d'oreille ou une cicatrice, mais rarement si elle est nue.

CHAPITRE 2

LES JEUX DE CODES NARRATIFS

Tous les personnages de manga sont différents, aucun d'eux ne ressemble à un autre. Jeunes, vieux, filles, garçons… Comment représenter une telle variété ? **Un nombre infini de personnages possibles peuvent prendre vie grâce à ce que je nomme « le jeu des codes narratifs ».**

En manga, le visage est très codifié, ce qui nous permet d'identifier au premier coup d'œil **la nature ou la personnalité d'un personnage.**

Voici quelques exemples…

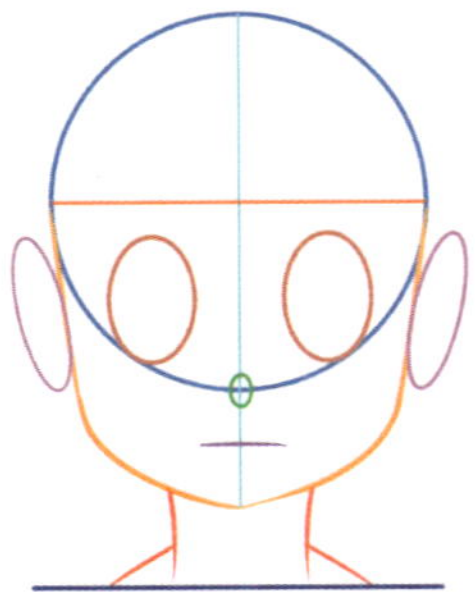

REPRÉSENTER UN ENFANT

Un menton plus haut **(en orange)** et des yeux plus grands **(en rouge)** rajeunissent le visage manga.

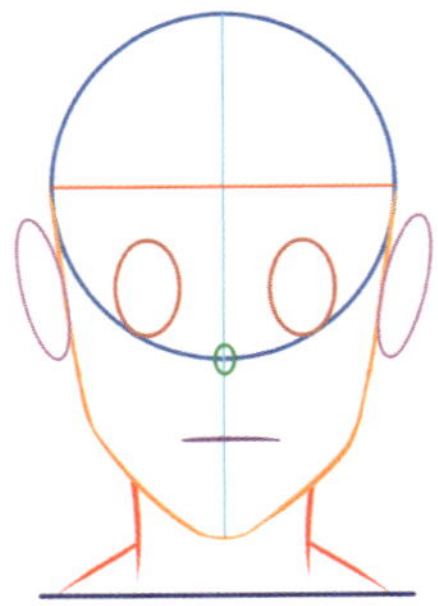

REPRÉSENTER UN ADULTE

Un visage plus long **(en orange)** et des yeux plus petits **(en rouge)** vieillissent le personnage.

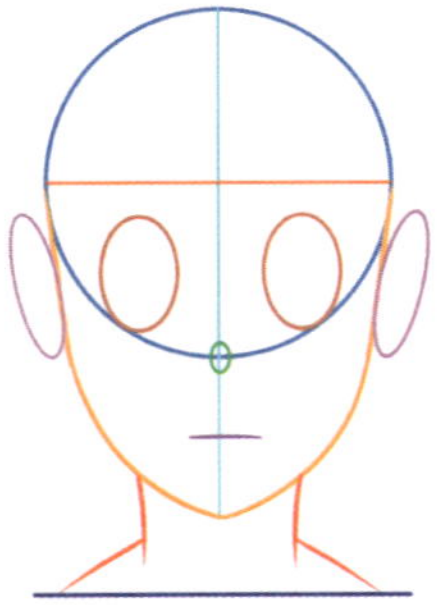

REPRÉSENTER UN VISAGE FÉMININ

Reprends les formes basiques, en faisant simplement des traits plus courbés **(en orange)**.

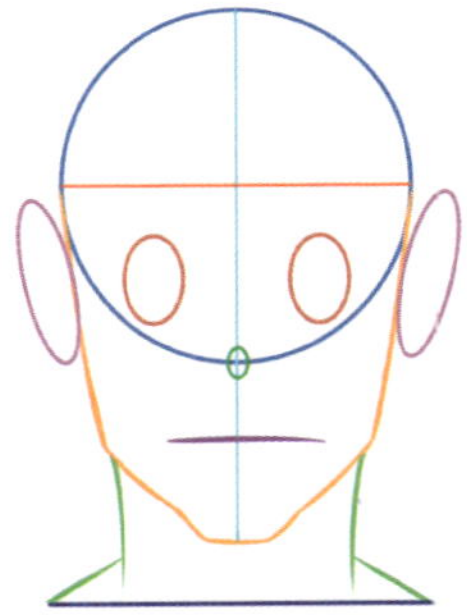

REPRÉSENTER « UNE BRUTE »

Aplatis le menton, trace une mâchoire saillante **(en orange)**, des yeux plus petits **(en rouge)**, et élargis le cou **(en vert)**.

CONCLUSION

Pour jouer efficacement avec les codes narratifs, il faut varier la gestion des différents éléments du visage: taille des yeux, forme du nez, largeur de la bouche, du crâne, du menton, forme des oreilles et des mâchoires… ***Inspire-toi des visages que tu croises pour créer tes propres personnages!***

On s'entraîne!!!

EXERCICE 1
DESSINE UN CRÂNE HUMAIN DE FACE ET DE PROFIL.

EXERCICE 2
DESSINE LES CONSTRUCTIONS DU PERSONNAGE VU DE FACE ET DE PROFIL. (À RÉPÉTER 5 FOIS.)

EXERCICE 3
DESSINE UNE OREILLE RÉALISTE EN 10 MINUTES.

がんばって

*Ganbatte : Fais de ton mieux!

LE DÉFI!
TRACE LES CONSTRUCTIONS DU PERSONNAGE DE FACE ET DE PROFIL CHACUN EN 30 SECONDES.

POUR RÉUSSIR L'EXERCICE DÉFI

Entraîne-toi petit à petit: essaie de représenter un visage de face en 2 minutes, puis en 1 minute 30, puis1 minute 15... et ainsi de suite, jusqu'à y parvenir en 30 secondes!

C'est un exercice de répétition ardu, mais extrêmement formateur qui permettra de progresser rapidement grâce à la pression du temps!

POUR ALLER PLUS LOIN ET T'INSPIRER

DES CODES NARRATIFS DIFFÉRENTS ONT ÉTÉ UTILISÉS POUR CRÉER DES VISAGES EXPRIMANT DES PERSONNALITÉS VARIÉES, SANS MÊME AVOIR BESOIN DE VOIR LEURS CHEVEUX OU LEURS YEUX.

OBSERVE LES PARTIES MODIFIÉES : MENTON, OREILLES, MÂCHOIRES... PUIS AMUSE-TOI À RECOPIER CES VISAGES POUR TE « FAIRE LA MAIN » !

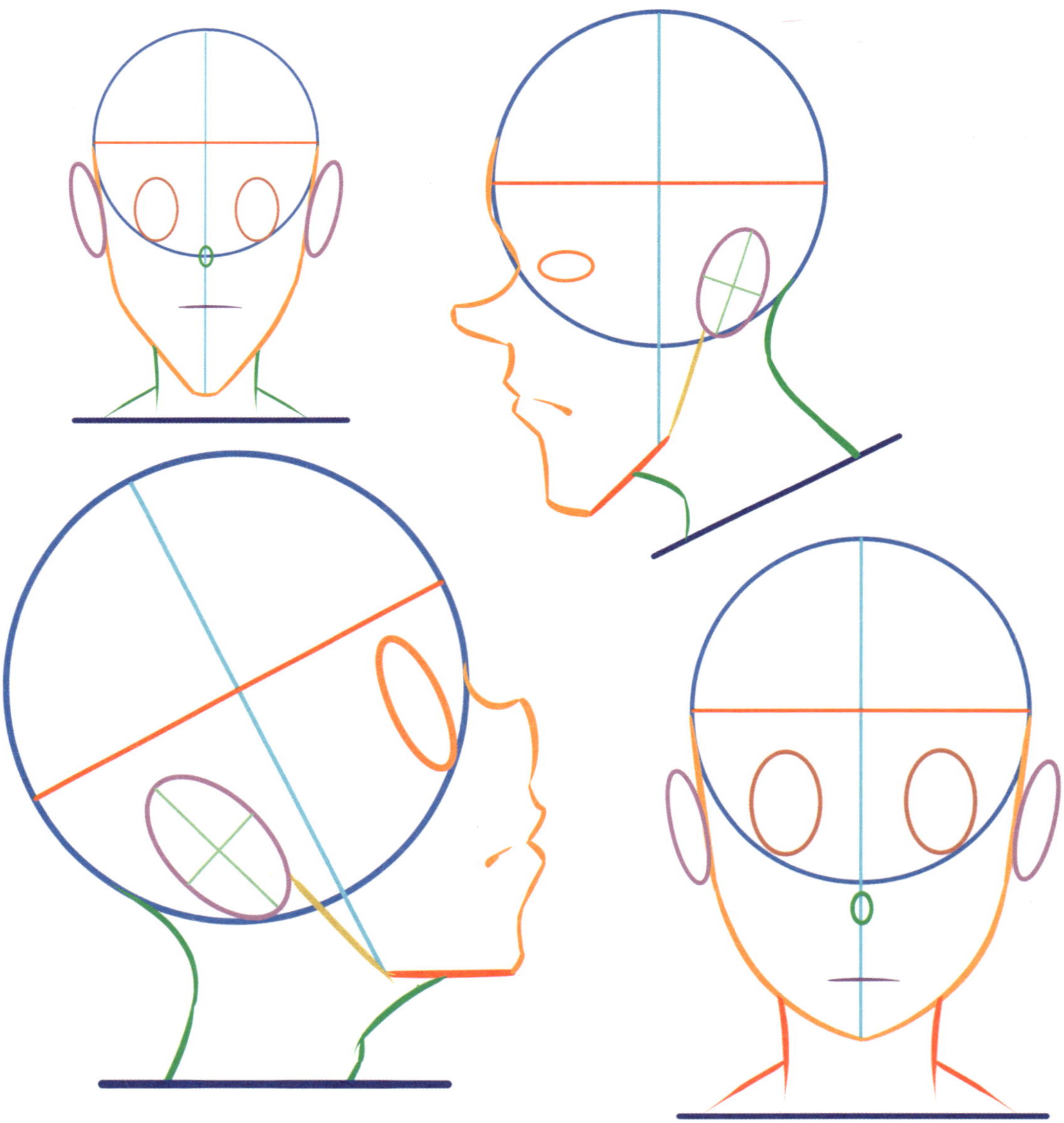

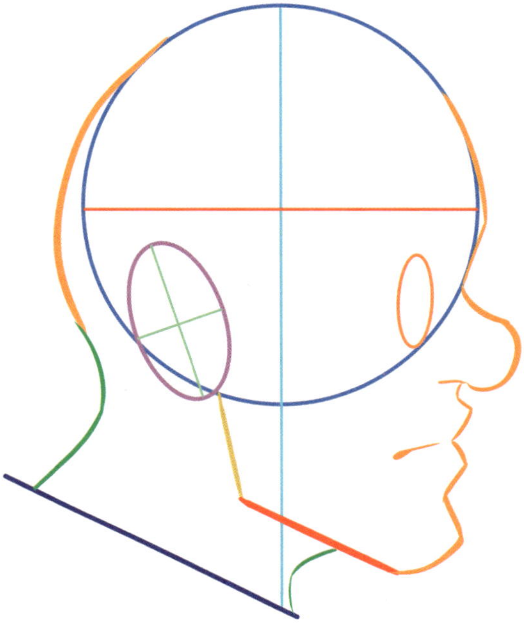
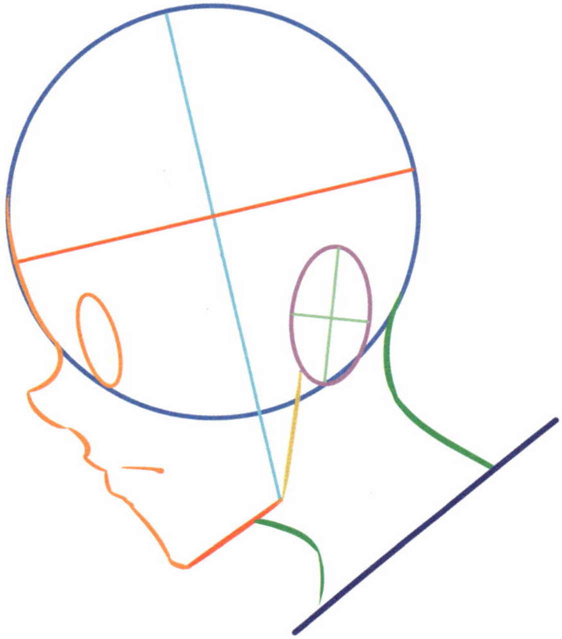
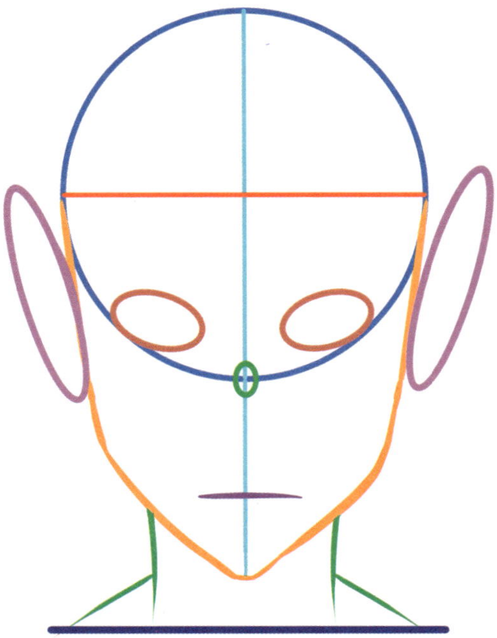
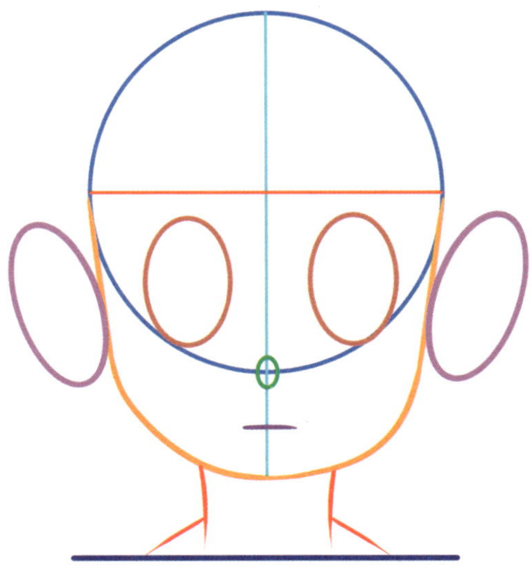

Chapitre 3

Le corps

La silhouette d'une histoire

Le corps humain est aussi fascinant que complexe. Malgré des millénaires d'études et de recherches à son sujet, bien des mystères subsistent.

En tant que dessinateur, ton objectif essentiel est une représentation anatomique assez fidèle pour donner vie avec réalisme à tes personnages.

Dessiner un personnage bien proportionné est probablement l'une des plus grandes difficultés que tu as dû rencontrer jusqu'ici.

C'est normal : le dessin du corps comporte énormément de données et de détails. Commençons par les formes les plus simples !

LES STRUCTURES?
J'ÉTAIS PERSUADÉ QUE L'ÉQUILIBRE ÉTAIT BON!!
MAIS C'EST QUOI, CE CHAPITRE?
CHAP3

Le squelette

Après le crâne, voilà le squelette !

La multitude de détails qui suivent te paraîtra peut-être compliquée, mais elle sera une aide précieuse : comme pour le crâne (voir page 26), nous allons **chercher dans l'ossature des indices et des éléments** qui nous aideront ensuite à **dessiner la structure d'un personnage de manga.**

VOICI QUELQUES PREMIÈRES INFORMATIONS.

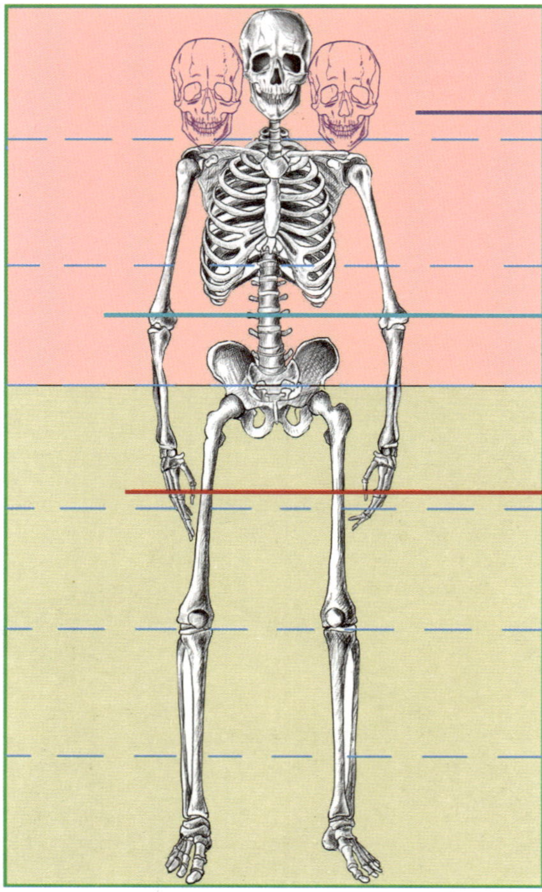

La partie haute représente approximativement 1/3 du corps, et la partie basse environ 2/3.

LA LARGEUR DES ÉPAULES est équivalente à 1 tête de chaque côté.

LES COUDES se placent dans l'alignement des côtes.

LES MAINS se situent dans l'alignement du haut des cuisses.

Ces informations sont difficilement analysables sur un personnage de manga déjà stylisé.

Au contraire, sur un squelette, ces informations sont neutres et nous donnent aussi beaucoup d'autres indices sur les rythmes du corps.

BON À SAVOIR

Dans l'Antiquité, à l'apogée de l'art grec, il a été convenu que la hauteur du corps de l'homme était de 7 fois celle de sa tête.

Toutefois, pour les personnages mythologiques (les fameux « héros »), les artistes grecs utilisaient une échelle différente : l'équivalent de 8 fois la tête. Cela leur donnait une carrure plus imposante que celle du simple mortel, et permettait ainsi de les sacraliser dans une posture plus épique et impressionnante.

Alors la prochaine fois que tu iras dans un musée, ouvre l'œil !

LA STRUCTURE DU CORPS MANGA

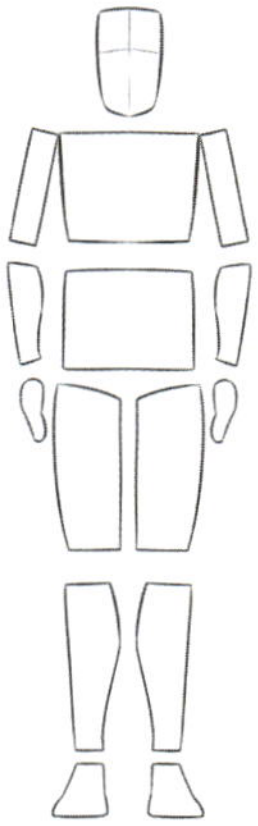

Le dessin du corps est un ensemble. La première difficulté étant la gestion des proportions, il faut avant tout **poser la structure de ton personnage.**

À ce stade, inutile de t'embrouiller l'esprit avec des détails musculaires ou autres : **le placement de formes géométriques simples te donnera l'équilibre général des proportions.**

LE CORPS MANGA HOMME DE FACE

Reprenons les informations utiles apprises avec le squelette et comparons-les à la structure du corps manga.

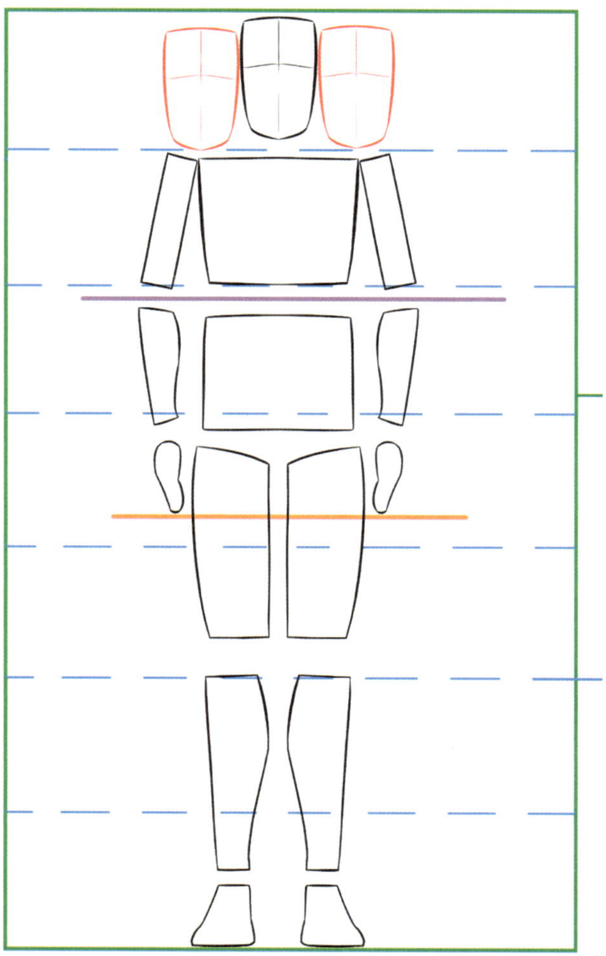

La largeur des épaules est équivalente à 1 tête de chaque côté **(tête rouge)**.

Les coudes se placent dans l'alignement des côtes **(ligne violette)**.

La partie haute représente approximativement 1/3 du corps et la partie basse environ 2/3 **(rectangle vert)**.

Les mains se situent dans l'alignement du haut des cuisses **(ligne orange).**

La hauteur du corps est équivalente à 7 fois la tête **(lignes pointillées bleues).**

Ce schéma nous montre une nouvelle information essentielle : chaque espace entre deux formes géométriques indique l'emplacement d'une articulation… donc d'un futur mouvement possible !

ALLEZ, MISE EN PRATIQUE !

1 **Trace 7 lignes à égale distance les unes des autres,** pour te familiariser et te guider dans ton tracé des proportions. Plus tard, tu n'auras plus besoin de les tracer, mais au début, cela t'aidera beaucoup !

2 **Pour le buste,** place un rectangle sur la partie 6/7. **Pour le bassin,** dessine un autre rectangle sur la partie 5/7.

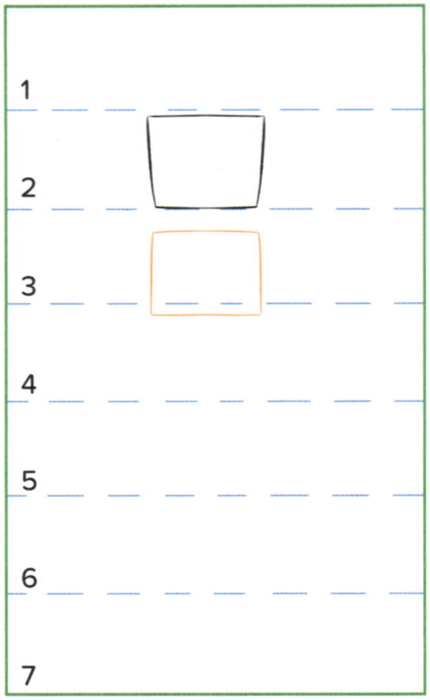

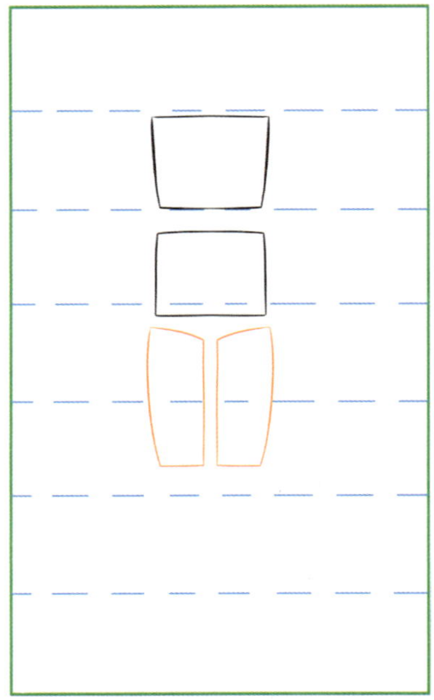

3 **LES CUISSES.** Place deux rectangles verticaux, mais légèrement arrondis sur l'extérieur pour refléter le côté bombé des cuisses véritables. Attention : elles ne doivent pas dépasser la largeur du bassin !

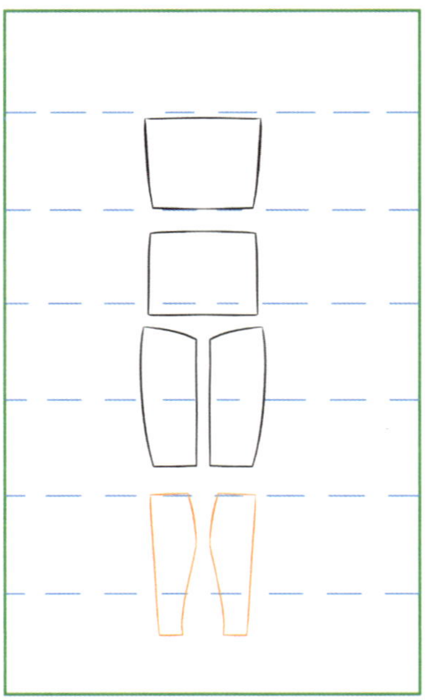

4 **LE BAS DES JAMBES.** Dessine maintenant les tibias. Cette fois, l'arrondi de la forme géométrique se trouve vers l'intérieur, pour figurer la présence des mollets.

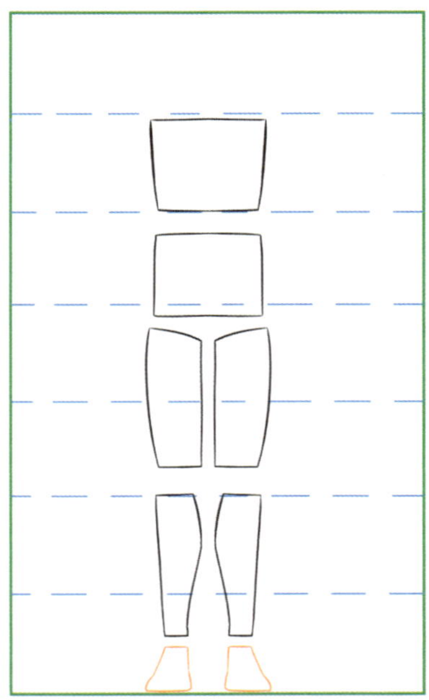

5 **LES PIEDS.** Pour le moment, représente-les sous forme de deux simples trapèzes.

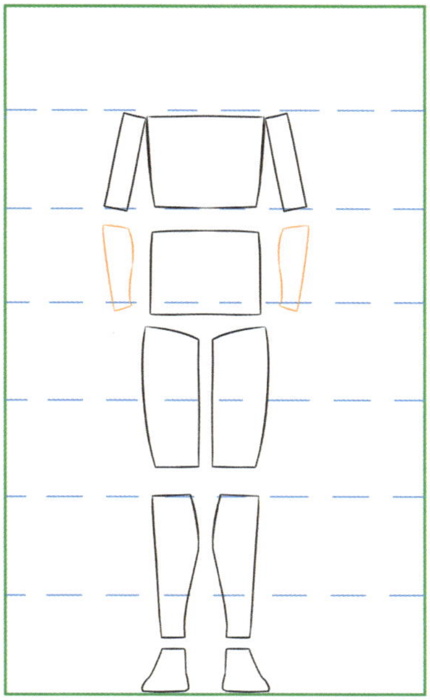

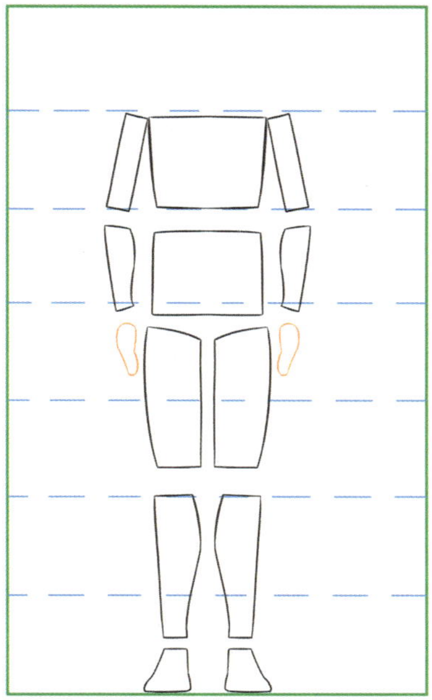

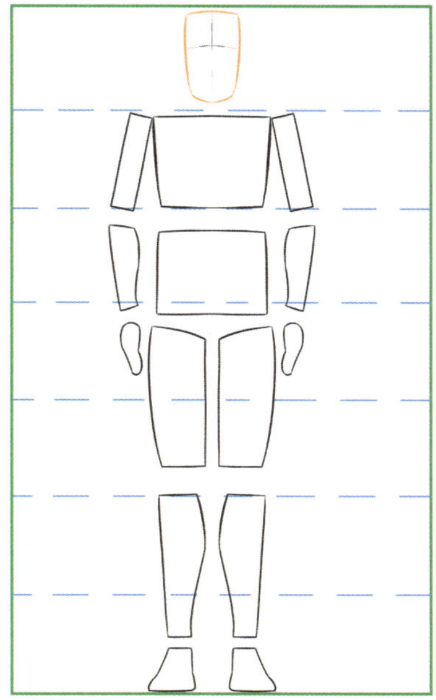

6 **LE HAUT DES BRAS.** Dessine deux rectangles axés vers l'extérieur. Ces rectangles sont de même longueur et légèrement arrondis vers l'intérieur.

7 **LES MAINS.** Pour l'instant, symbolise-les sous la forme de triangles arrondis qui arrivent au niveau du haut des cuisses. Bienvenue au pays des mains-moufles !

8 **LA TÊTE.** Il est préférable de la placer EN DERNIER, pour pouvoir adapter sa taille à celle du corps que tu viens de dessiner.
Pour le moment, contente-toi de la représenter sous forme de trapèze, et reste concentré sur l'apprentissage de la structure du corps.

RAPPELLE-TOI : la largeur de la tête est équivalente au tiers de la largeur des épaules.

MON CONSEIL

Commence TOUJOURS par le buste et le bassin AVANT toute autre partie du corps (ou au moins par les épaules).
Ce sont ces deux parties qui donnent toute l'impression générale du corps. Quand elles sont bien placées et bien orientées, le reste du corps en découle plus facilement!

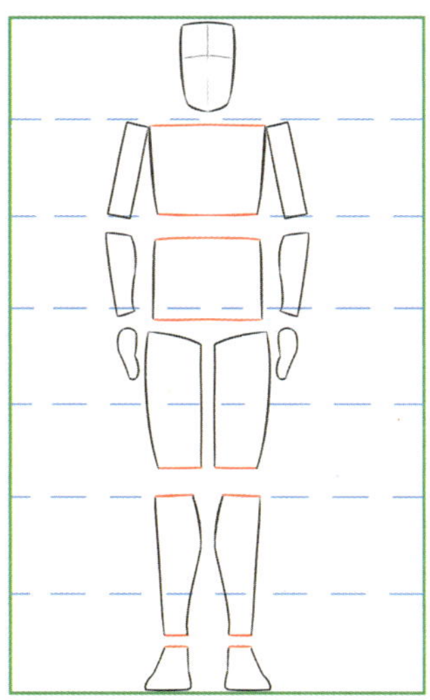

Pour réussir le dessin de cette structure, veille bien au parallélisme entre les différentes formes géométriques. (En rouge, les lignes parallèles). Si la base et le sommet e de certaines formes ne sont pas parallèles, ton personnage sera bancal et « chutera » visuellement!

LE CORPS MANGA HOMME DE PROFIL

Comme pour la structure d'un personnage de face, **l'ÉQUILIBRE est primordial pour la structure de profil. Au moindre décalage, le personnage donnera l'impression de basculer vers l'avant ou l'arrière.** C'est vraiment là que réside toute la difficulté de la structure de profil.

VOYONS ENSEMBLE LES PIÈGES À ÉVITER !

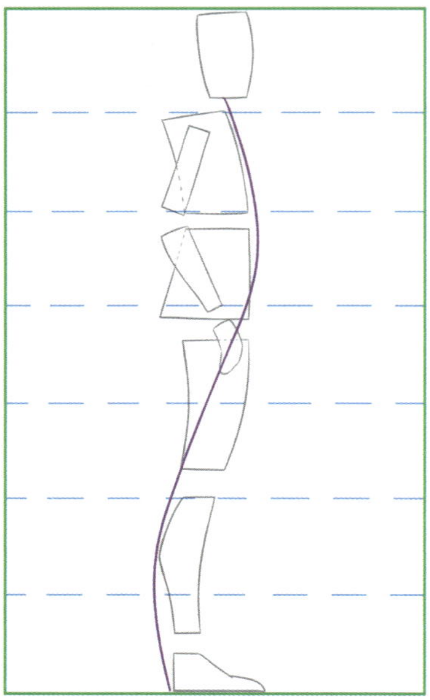

La forme du corps ressemble à un S : c'est ce qui lui permet d'avoir assez d'équilibre à l'avant et à l'arrière pour tenir droit !

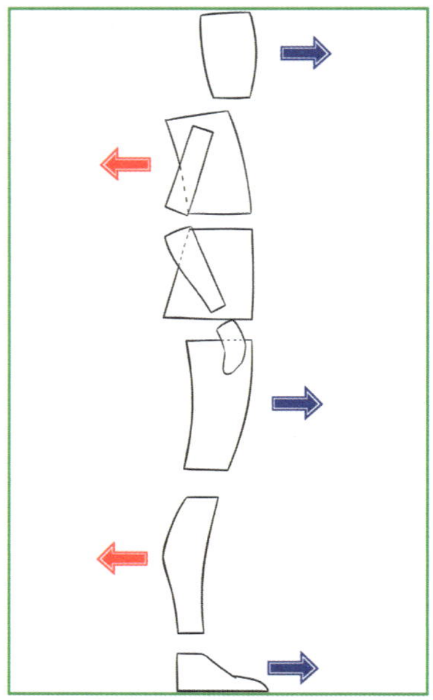

L'action dynamique d'un personnage de profil est donnée grâce à cette forme de S, mais aussi à la direction de ses membres. Cette action d'impulsion vers l'avant ou vers l'arrière permet au personnage de tenir en équilibre.

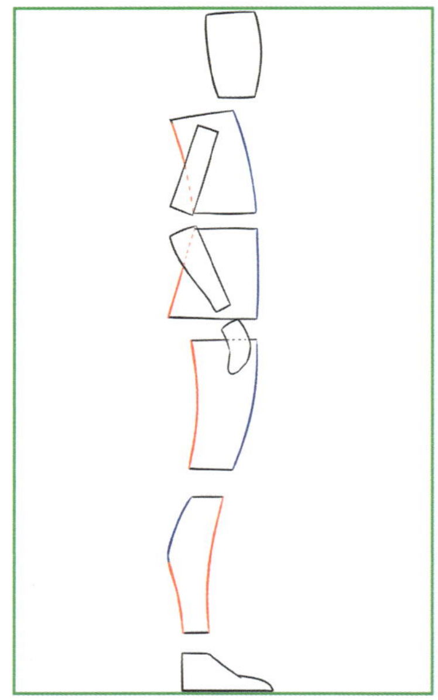

Pour maintenir cet équilibre, il y a un jeu de courbes/contre-courbes. N'oublie pas de les tracer !

ATTENTION ! Si tu ne commences pas par faire un S avec les directions des membres, le corps du personnage ne semblera pas tenir debout, et **ta structure manquera de naturel.**

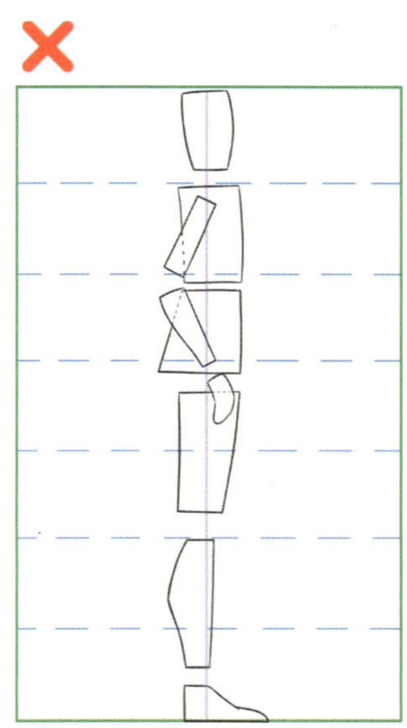

ALLEZ, MISE EN PRATIQUE !!

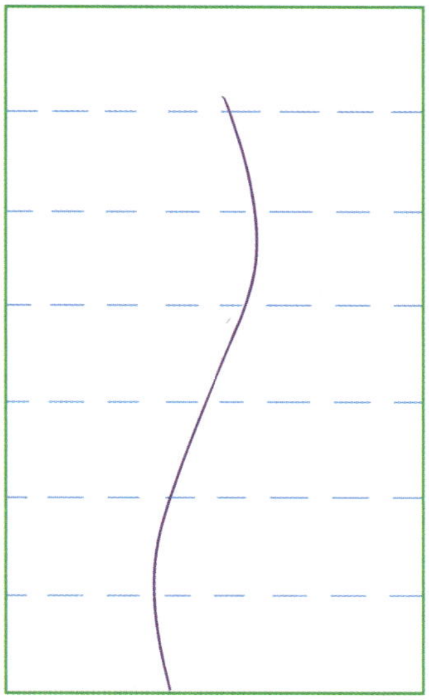

1 **Trace « S »** qui donnera l'impulsion dynamique de ta structure et te guidera dans le positionnement du reste du corps.

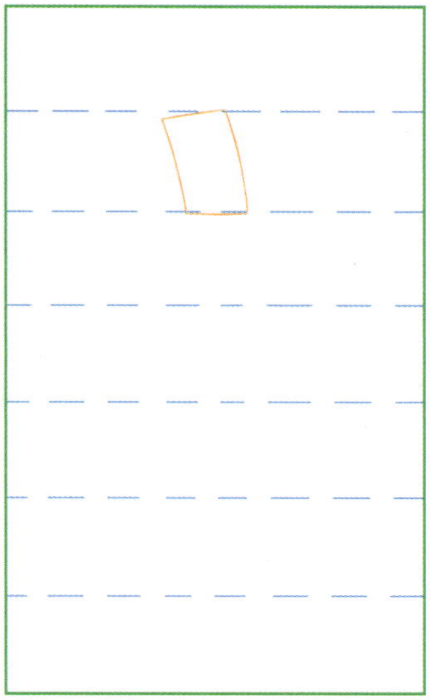

2 **LE BUSTE.** Le haut du buste pointe vers l'arrière pour évoquer le dos.

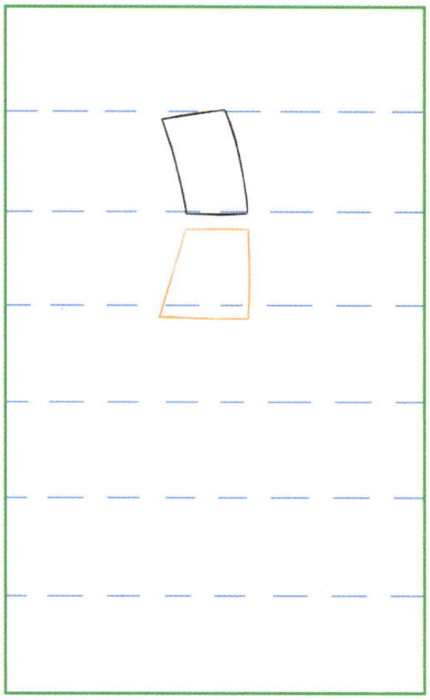

3 **LE BASSIN.** Le bas du bassin pointe aussi vers l'arrière pour amorcer la présence du fessier.

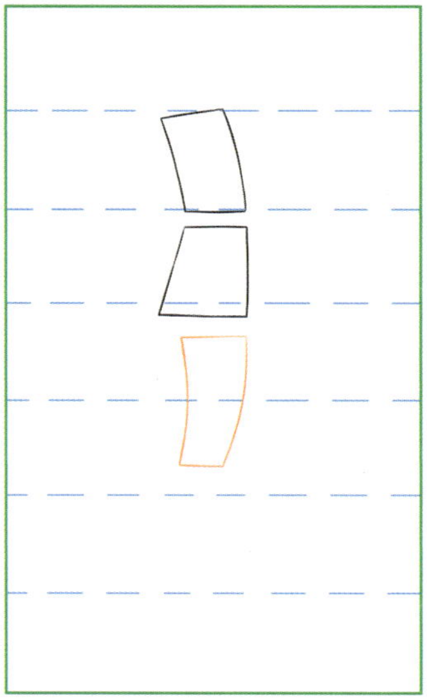

4 **LA CUISSE.** Dessine la structure de la cuisse. Marque la partie supérieure par une belle courbe qui évoque le galbe du muscle.

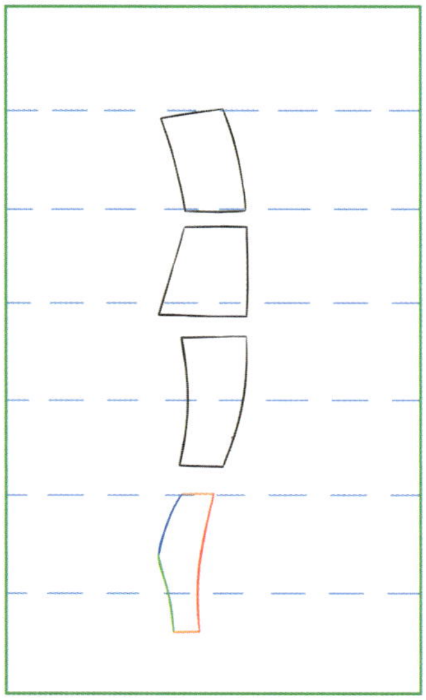

5 **LE BAS DES JAMBES.** La structure du tibia est marquée par une contre-courbe **(en rouge)**. Le mollet est composé en deux temps, avec une courbe **(en bleu)** et une contre-courbe **(en vert).**

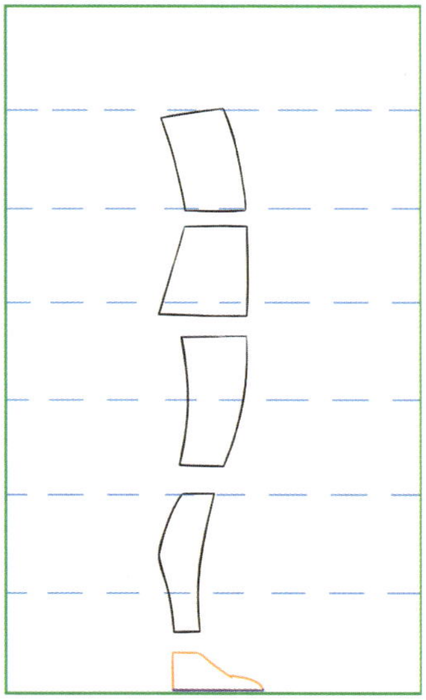

6 **LE PIED.** Dessine-le de façon un peu triangulaire. Le plat du pied est parallèle au sol, dans le prolongement de la cheville **(en violet)** et il ne dépasse pas le mollet.

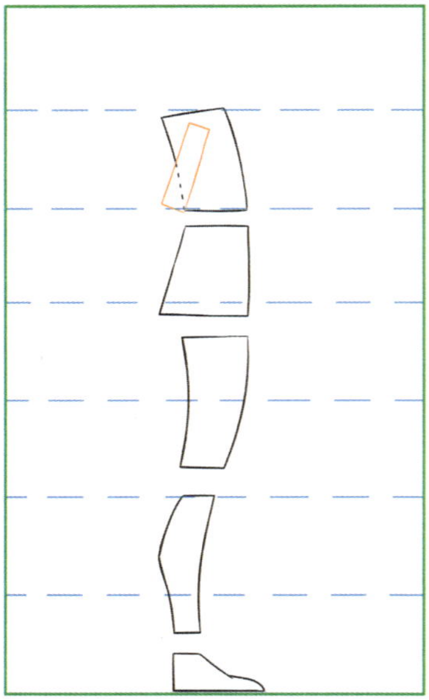

7 **Dessine le haut des bras** par un rectangle axé vers l'arrière du corps (il dépasse légèrement le dos).

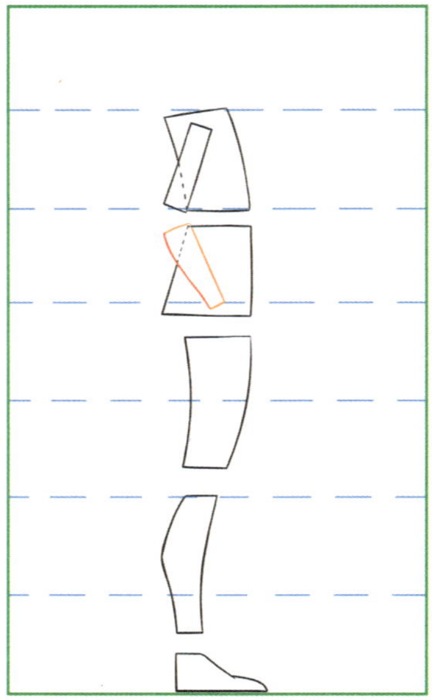

8 **Place l'avant-bras,** qui revient vers l'avant du corps. Il a une ligne courbe **(en rouge)** pour symboliser la présence d'un muscle. La longueur de l'avant-bras est égale à celle du pied de profil. Amuse-toi à vérifier avec tes chaussures : sa taille correspond à la distance entre ton coude et ton poignet.

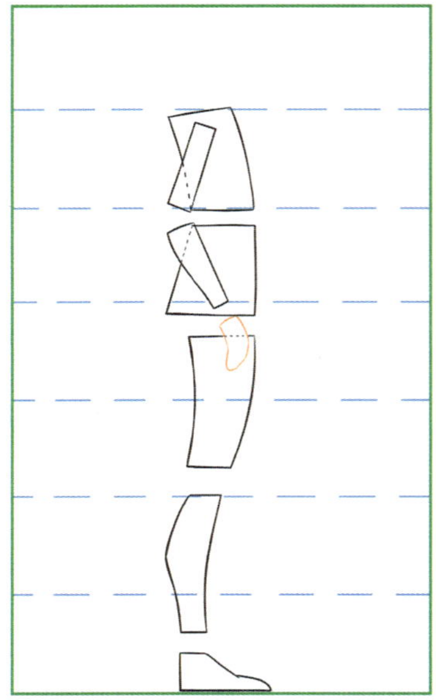

9 **Place les mains,** toujours sous forme de triangles arrondis ! Vive les moufles !

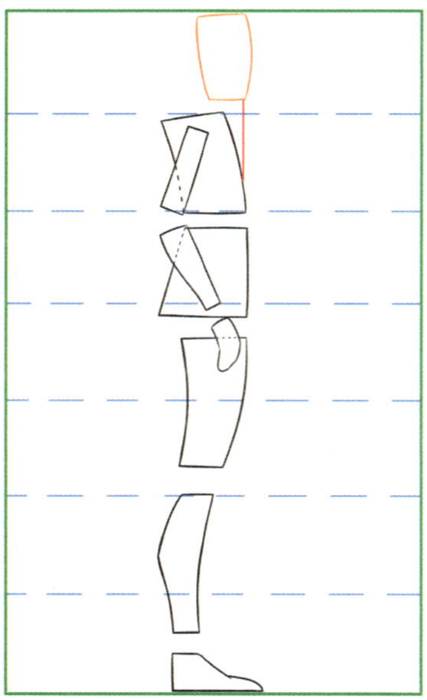

10 **Dessine la tête** sous forme de rectangle. Comme pour la vue de face, place-la EN DERNIER pour adapter sa taille à celle du corps. Mais cette fois-ci, pour maintenir un bon équilibre, elle doit dépasser légèrement du buste **(ligne rouge)**.

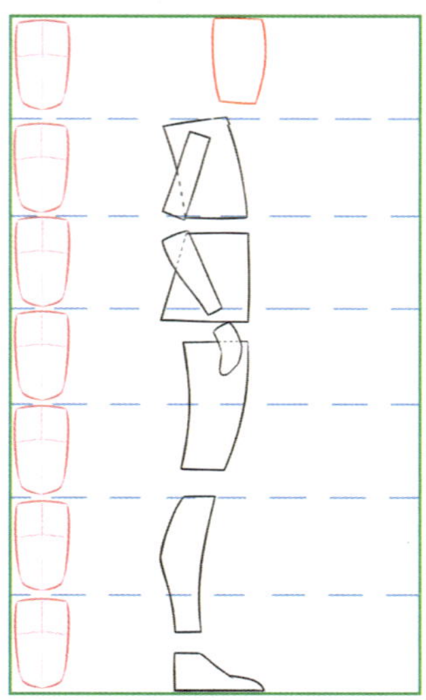

Si tu mets la tête en avant, ton personnage semblera pencher vers l'avant.

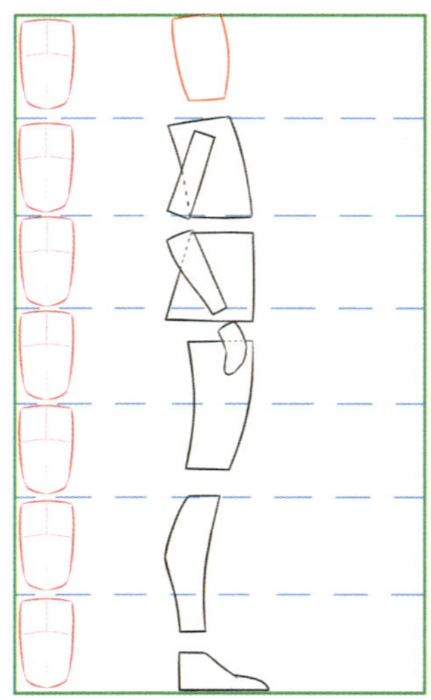

Si tu mets la tête en arrière, ton personnage semblera pencher vers l'arrière.

LE CORPS MANGA FEMME DE FACE

À l'instar du **jeu des codes narratifs** du chapitre précédent (voir page 34), un décalage ou une légère modification de ligne, et tu obtiendras les caractéristiques narratives d'un tout autre personnage.

Ainsi, la structure d'un personnage féminin est identique à celle d'un personnage masculin : reprendre ici le « step by step » serait inutile, mais je vais en revanche t'aiguiller sur **trois différences permettant de marquer visuellement le genre féminin.**

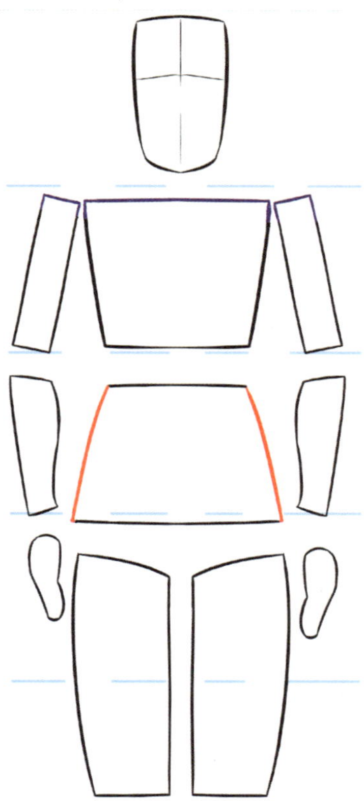

LES ÉPAULES sont en général **moins larges** que celles d'un personnage masculin **(en violet)**. La largeur des épaules est donc ici inférieure à 1 tête de chaque côté (voir page 49).

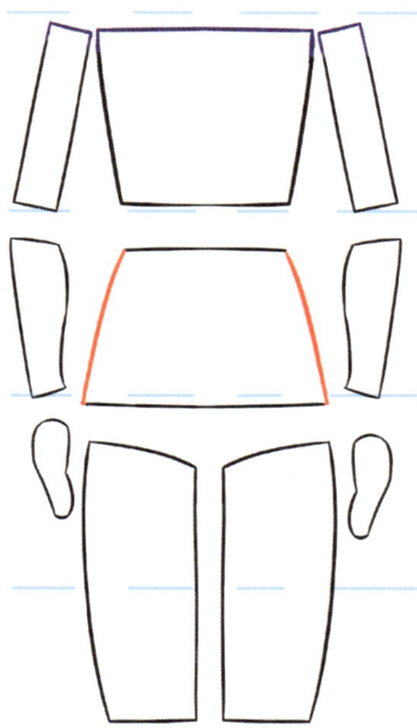

LES HANCHES sont marquées par des courbes orientées vers l'extérieur. Un buste fin et des hanches larges influent sur l'effet narratif du personnage féminin **(en rouge)**.

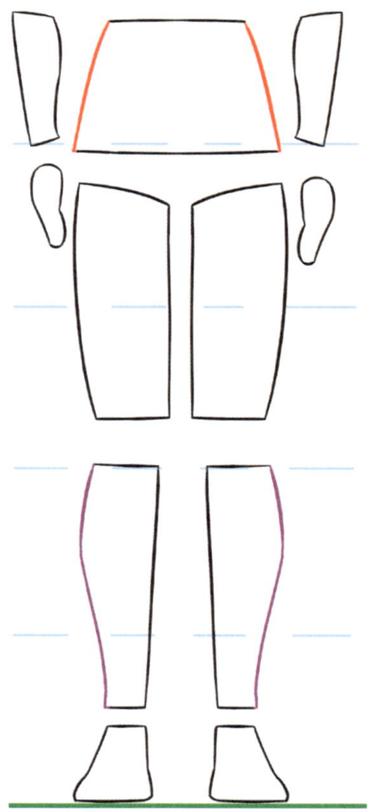

Contrairement au personnage masculin, dont les mollets sont courbés vers l'intérieur, on peut **accentuer l'effet narratif** du personnage féminin **par des mollets courbés vers l'extérieur. (en violet)**.

Le COU et son INSERTION

Dessiner le cou est une chose difficile à calibrer au début : il suffit de quelques traits, mais dont le placement doit être extrêmement précis. Un décalage, et l'insertion de la tête risque de ne pas paraître très naturel. Voyons comment réussir à dessiner cette partie du corps sans difficulté !

Étude musculaire (simplifiée) du cou

C'est notre toute première étude musculaire, et ça, ce n'est pas rien ! Comme pour le squelette, **comprendre la forme et le fonctionnement des muscles du cou permet de le dessiner.** Voici donc **un schéma simplifié**, avec les muscles principaux, pour t'aider dans tes futurs dessins.

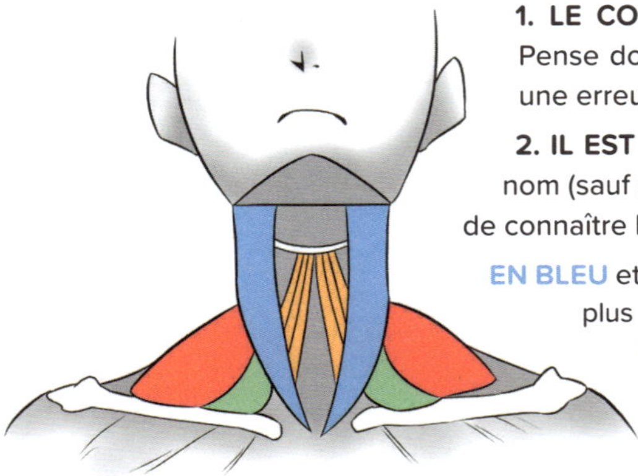

1. **LE COU PREND RACINE AUX OREILLES** et descend jusqu'aux épaules. Pense donc à bien tracer la courbe du cou à partir des oreilles, tu éviteras à une erreur très fréquente !
2. **IL EST COMPOSÉ DE TROIS PARTIES PRINCIPALES.** Inutile de retenir leur nom (sauf si tu veux faire classe dans un repas en famille !) : ce qui compte, c'est de connaître leur forme et leur emplacement.

EN BLEU et **EN VERT** : tu as le sterno-cléido-mastoïdien. **EN ORANGE** : cette partie plus complexe est composée de plusieurs muscles, dont l'omo-hyoïdien et le sterno-hyoïdien. **EN ROUGE** : c'est le bien connu **muscle trapèze** !

3. **CES MUSCLES REJOIGNENT LA PARTIE OSSEUSE, LA CLAVICULE.**

Étude musculaire (simplifiée) du cou EN MOUVEMENT

Lorsque le cou est en **mouvement, tous les muscles sont sollicités.**

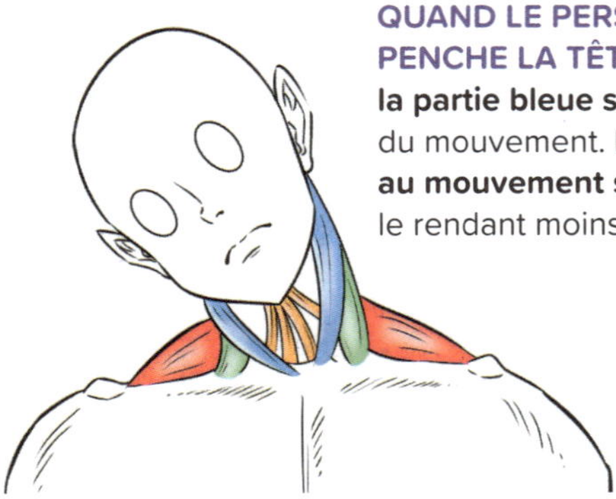

QUAND LE PERSONNAGE PENCHE LA TÊTE SUR LE CÔTÉ,
la partie bleue se tord dans la forme du mouvement. **Le trapèze opposé au mouvement s'étire et se tend,** le rendant moins galbé, donc plus plat.

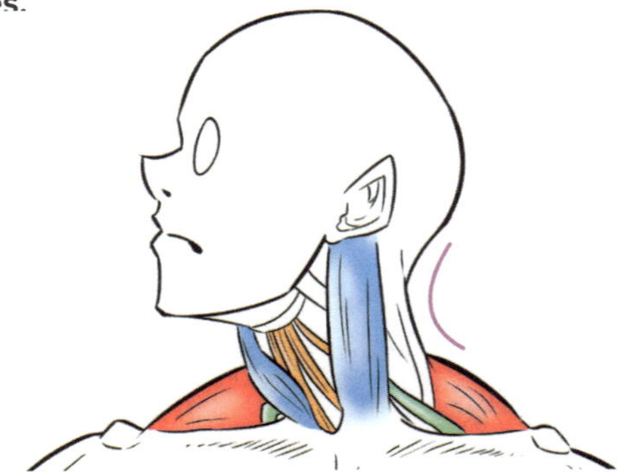

QUAND LE PERSONNAGE TOURNE LA TÊTE,
La partie bleue se gonfle et se contracte.
Tu peux tester cette observation sur toi et la faire apparaître sur le dessin de ton personnage. N'oublie pas la contre-courbe (en rose) reliant la tête à la partie haute du cou : sans elle, ton personnage aurait un arrière de tête plat et peu naturel (une information très importante pour le chapitre suivant).

ALLEZ, MISE EN PRATIQUE!!

Le cou version manga

Le cou « anatomique » étant, je pense, bien analysé, passons maintenant à sa version manga! **Les têtes mangas paraissent plus grosses** parce que selon les codes du genre, le cou est plus fin que ne le veulent les canons classiques des proportions humaines.

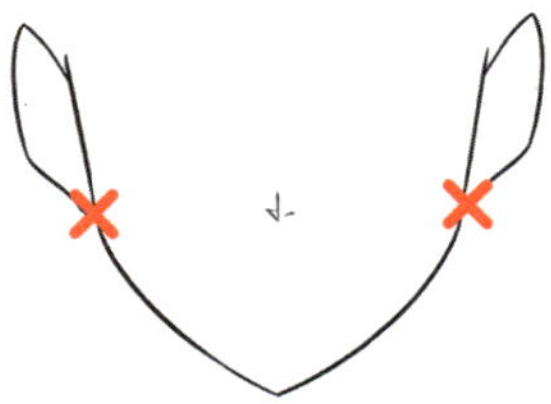

1 Commence toujours par les oreilles du personnage.

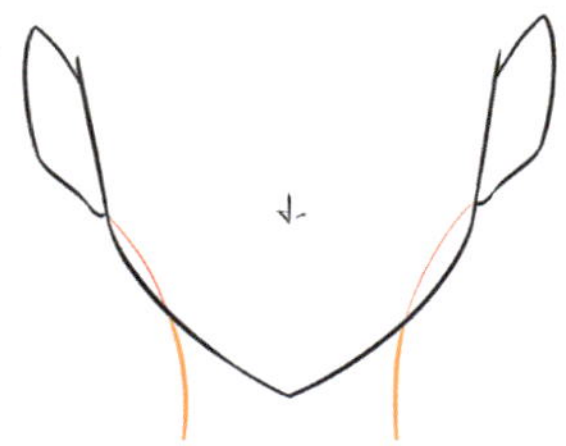

2 Trace des contre-courbes verticales très marquées. (Pour un personnage très réaliste, elles seraient moins marquées.)

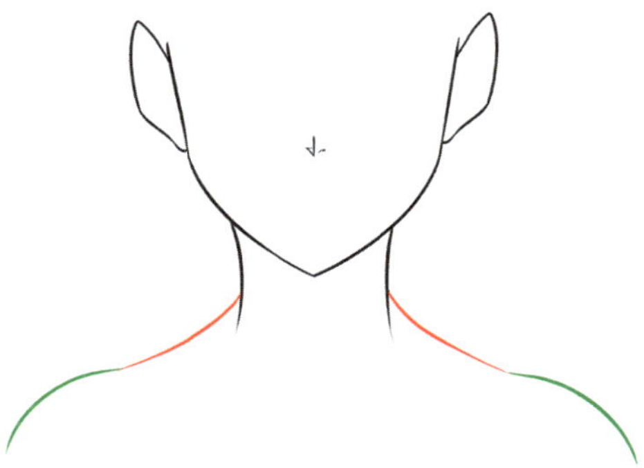

3 Dessine deux contre-courbes horizontales pour symboliser les trapèzes et les épaules **(en vert)**.

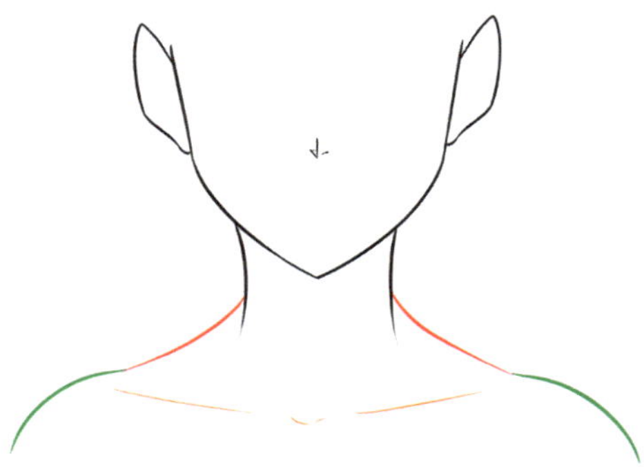

4 Tu peux évoquer la présence de la clavicule en dessinant la ligne supérieure ou inférieure de l'os.

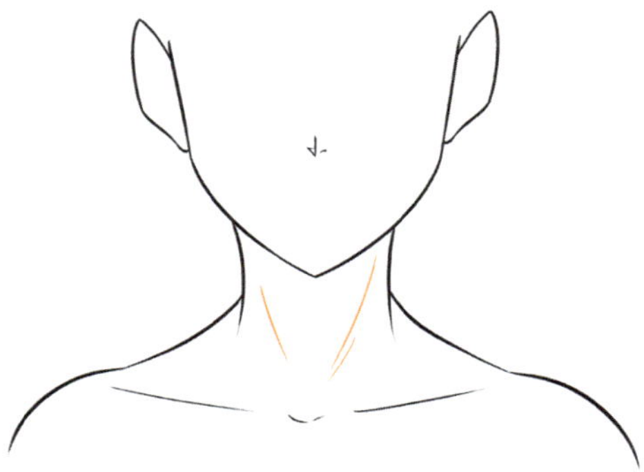

5 **Bonus!** Si tu veux faire sentir la présence du sterno-cléido-mastoïdien, tu peux marquer une ou deux diagonales en appuyant légèrement sur ton crayon.

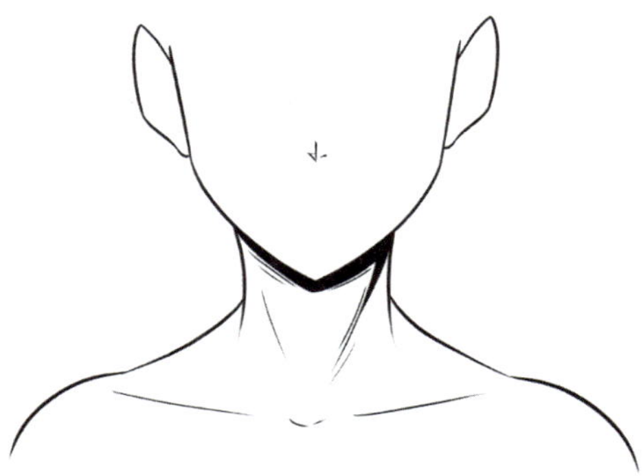

6 Le cou est terminé! Tu peux ajouter un encrage plus fort pour renforcer sa ligne.

Quelques astuces pour renforcer la personnalisation de tes personnages

Insister sur un ou plusieurs des éléments représentés peut accroître l'effet narratif de ton personnage.

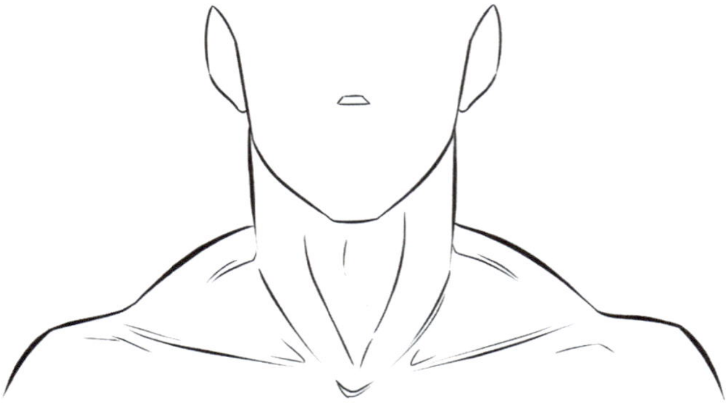

POUR UN PERSONNAGE MANGA MUSCLÉ

Marque les traits, mais cette fois-ci pour montrer le galbe bombé et fort du muscle. Construis le cou avec des courbes et non avec des contre-courbes.

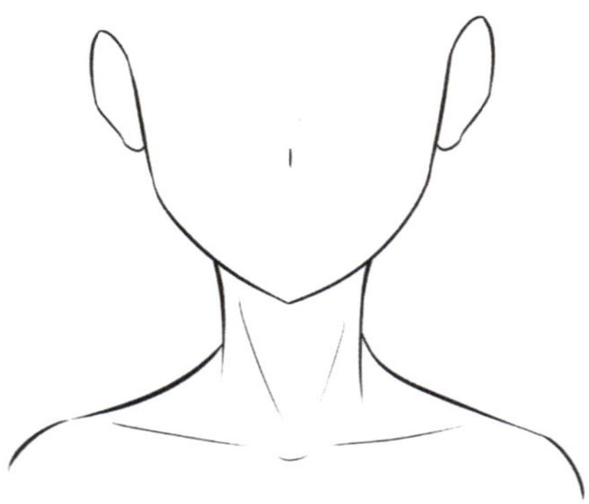

POUR UN PERSONNAGE MANGA FÉMININ

Les épaules sont moins larges, et le cou plus fin. Tu peux donc rapprocher les deux contre-courbes verticales.

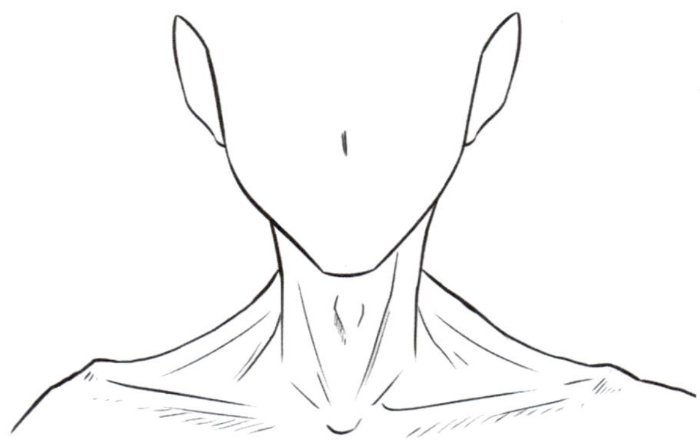

POUR UN PERSONNAGE MANGA MAIGRE

Les muscles sont plus marqués, laissant apparaître les os en dessous (et la pomme d'Adam s'il s'agit d'un personnage masculin).

CONCLUSION

Les informations de ce chapitre te serviront durant toute ta vie de dessinateur, prends le temps de digérer tout cela et d'y réfléchir. Tu peux confirmer ces notions en regardant autour de toi ou les personnages de tes mangas favoris.

Mais si tu l'occasion d'avoir une reproduction de squelette ou d'un écorché musculaire à la maison, dans un musée ou ailleurs, assieds-toi et dessine-le! À l'instar des plus grands peintres de la Renaissance, Il n'y a rien de mieux pour apprendre ces notions que les dessiner en vue réel !

On s'entraîne !!!

EXERCICE 1
DESSINE LA STRUCTURE DU CORPS MASCULIN DE FACE ET DE PROFIL.

EXERCICE 2
DESSINE LA STRUCTURE DU CORPS FÉMININ DE FACE ET DE PROFIL.

EXERCICE 3
OBSERVE LA DOUBLE PAGE SUIVANTE ET RECOPIE L'UN DES PERSONNAGES DE FACE ET DE PROFIL.

がんばって

*Ganbatte : Fais de ton mieux !

LE DÉFI !
RECOPIE LE SQUELETTE RÉALISTE DE LA PAGE 40 SUR UNE FEUILLE A4, EN 25 MINUTES.

POUR RÉUSSIR L'EXERCICE DÉFI

Dans un premier temps, n'essaie pas d'aller vite : *recopie le squelette sans te presser, en observant bien et en te concentrant pour avoir les bonnes proportions.*

Répète cet exercice 2 ou 3 fois.

Grâce à la mémoire visuelle et gestuelle que tu auras accumulée petit à petit, tu finiras par relever plus facilement ce défi ardu !

POUR ALLER PLUS LOIN ET T'INSPIRER

GRÂCE À LA STRUCTURE DE CORPS DE FACE ET DE PROFIL, TU PEUX MAINTENANT T'AMUSER À CRÉER TES PERSONNAGES, L'APPRENTISSAGE DES CHAPITRES QUI VONT SUIVRE TE PERMETTRONT DE REVENIR SUR CET EXERCICE INDISPENSABLE POUR LA CRÉATION DE TES PROPRES PERSONNAGES MANGAS !

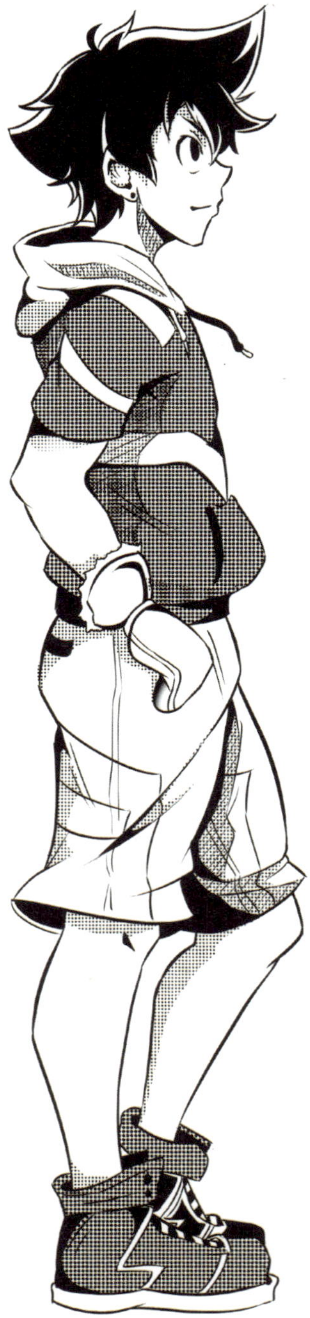

COMME JE SAIS QU'ON N'A PAS ENCORE VU COMMENT FAIRE LES MAINS, JE LEUR AI MIS DE JOLIES MOUFLES ! REGARDE-MOI CE DESIGN! « L'ART DES MOUFLES » DANS UN PROCHAIN LIVRE...

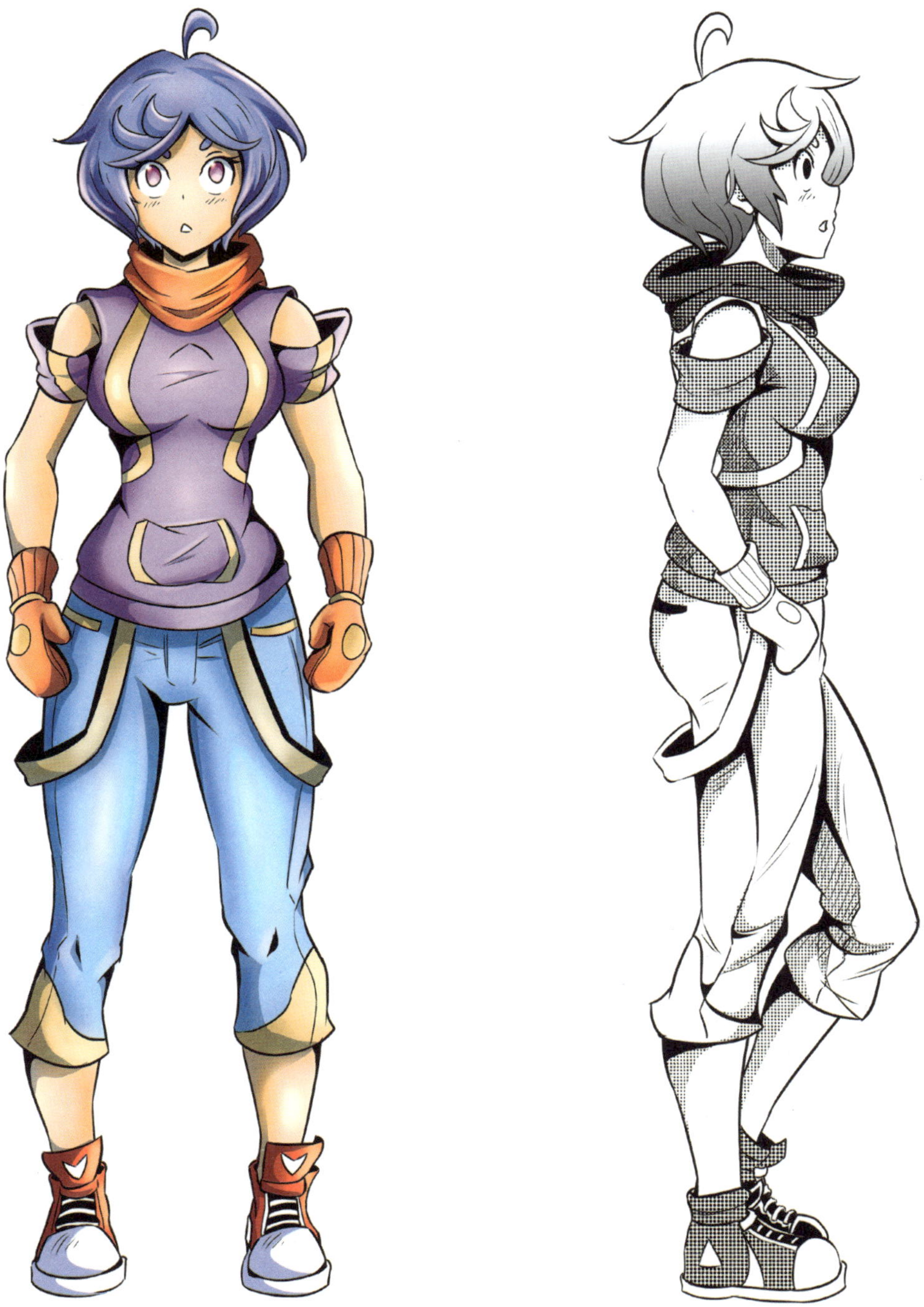

Chapitre 4

La vue de trois-quarts

La naissance de l'action

Passons un nouveau palier avec la vue de trois-quarts, c'est-à-dire **l'ensemble des positions intermédiaires entre la vue de face et la vue de profil.**

Si ces deux dernières mettent à l'honneur la symétrie, le trois-quarts **la bouleverse au contraire pour faire place à la profondeur, au volume et à la dynamique du personnage.** C'est la naissance de l'action!

Je pense que plus de 70% des visages de mangas sont en trois-quarts! Cet angle leur donne du mouvement par son tracé irrégulier et la ligne désaxée des yeux, **faisant vivre le personnage sous tous les angles possibles!**

ポー
ポー
ドッ
CHAP4
ドッ
ドッ
C'EST QUOI, CE... ?

PRÉAMBULE AU TROIS-QUARTS

Le crâne

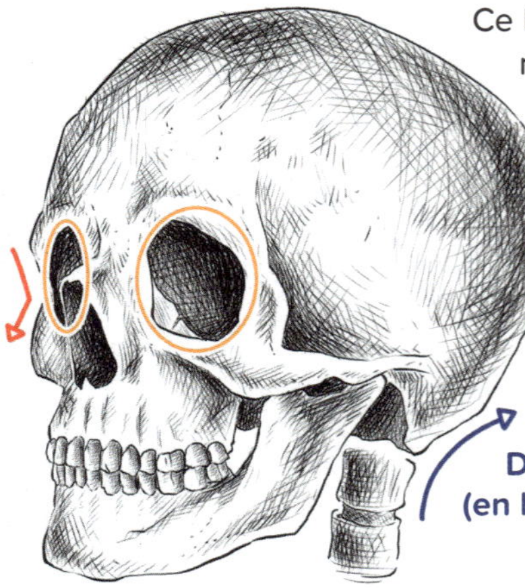

Ce bon vieux squelette (voir page 26) va nous révéler de nouvelles informations clés qui serviront nos personnages !

- **LA PROFONDEUR DES YEUX :** si tu observes bien, tu constateras que l'œil le plus proche de nous est plus grand et plus large, tandis que l'œil le plus éloigné est plus petit et plus écrasé **(en orange)**.
- **LA TRANSITION ENTRE LA POMMETTE, LA CAVITÉ DES YEUX ET LE FRONT** est marquée par un angle en contre-courbe **(en rouge)**.
- **LA JONCTION DU CRÂNE (AU NIVEAU DE L'OS OCCIPITAL) ET DU COU** est représentée par une contre-courbe souple et marquée **(en bleu)**.

Les axes

Lors du premier chapitre, tu as commencé à te familiariser à la 3D (voir page 12) en mettant en volume des figures géométriques.

Je t'invite maintenant à **t'approprier le volume de ces figures en imaginant leurs lignes extérieures, que nous appellerons les axes.**

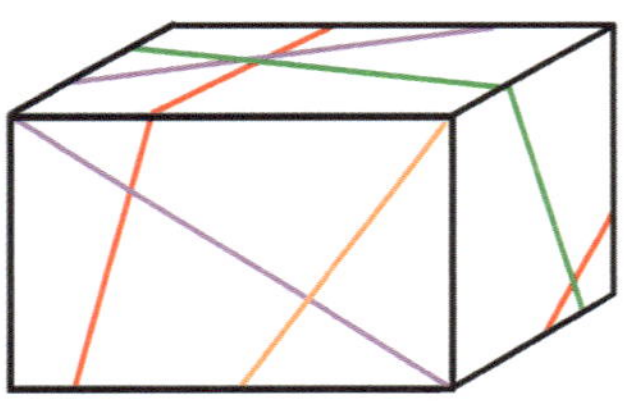

SUR UNE SURFACE PLATE, il suffit de tracer une droite reliant deux côtés de la figure.

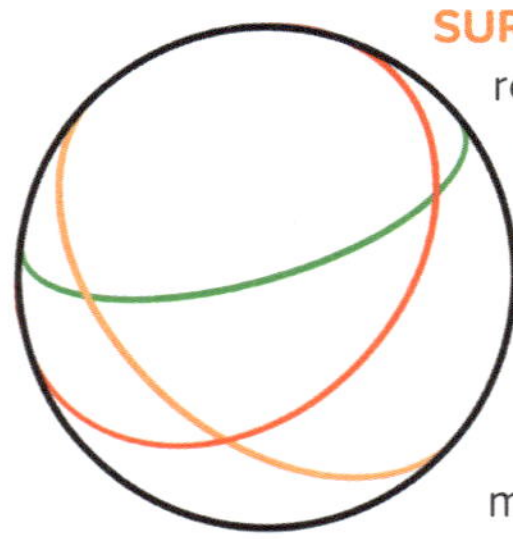

SUR UNE SURFACE ARRONDIE, représente-toi cette sensation d'axe en imaginant que tu enveloppes la forme avec une ficelle. Pour t'entraîner, dessine un cercle, puis une courbe régulière qui relie deux points du cercle : la sphère se matérialise visuellement.

MAÎTRISER CETTE SENSATION DE VOLUME SUR UNE SURFACE EN 2D (ton papier) est la première étape vers des dessins plus complexes, aux volumes et aux formes plus étonnants.

Si les axes posés sur les volumes sont réguliers, tu peux alors créer des motifs très utiles pour reconnaître la nature d'un objet ou en créer un totalement original.

Corde festive

Sucre d'orge

Une boule striée.

Le visage manga de trois-quarts

En nous appuyant sur cet apprentissage des axes, réalisons un visage de trois-quarts simple.

On peut dire que ce visage est à angle 0°. Mais euh... c'est quoi, un angle 0° ? Cela signifie que le visage représenté n'est vu **ni du dessus ni du dessous** : **le personnage mesure la même taille que le spectateur ou qu'il se trouve à la hauteur des yeux de ce dernier.**

Les étapes s'effectuent quasi dans le même ordre que pour le visage de face et de profil. C'est parti !

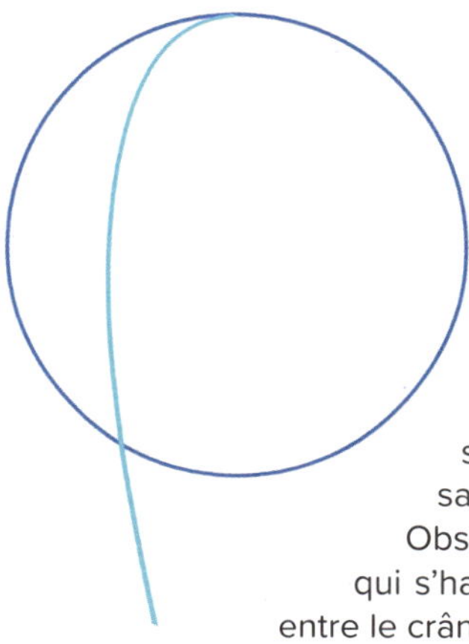

1 **L'AXE DU NEZ.** Dessine un cercle. Trace une courbe pour **l'axe du nez** : cela indique l'angle de rotation de la tête, répondant à la question suivante : « Vers où le visage est-il tourné ? »
Observe sa légère courbure qui s'harmonise avec le volume entre le crâne et le menton.

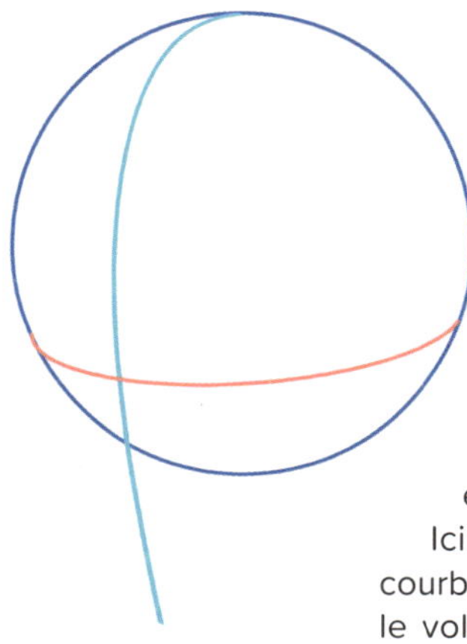

2 **L'AXE DES YEUX.** Trace une courbe pour l'axe des yeux : cela indique **l'angle d'inclinaison de la tête,** répondant également à la question « vers où le visage est-il tourné ? »
Ici aussi, il est légèrement courbé pour s'harmoniser avec le volume entre les oreilles et tout autour du crâne.

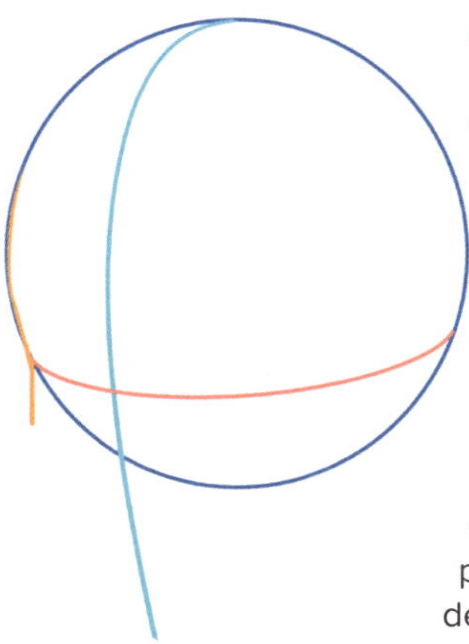

3 **L'ORBITE DE L'ŒIL.** Place la contre-courbe en forme de creux comme vu pour le crâne (voir page 26). Celle-ci indique la présence de l'orbite, mais aussi **la transition osseuse entre le front et la pommette.**
Pense bien à placer ce creux avec l'œil de ton personnage entre les deux courbes, **tu seras sûr d'avoir bien placé l'œil...** et tu auras franchi une étape importante de ton trois-quarts très facilement !

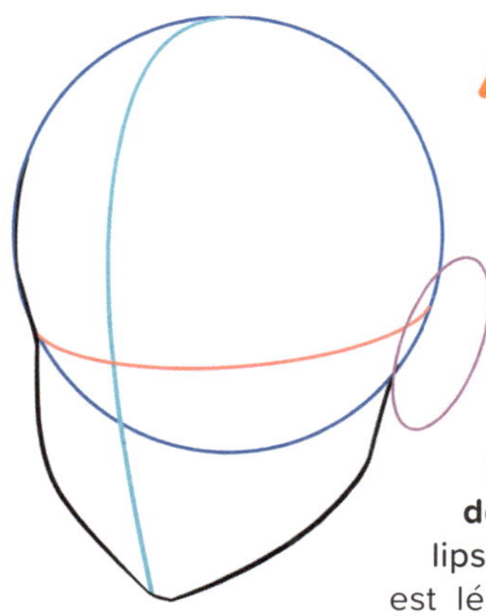

4 **Dessine la joue gauche, puis la mâchoire à droite,** en marquant bien **sa cassure** si caractéristique du dessin manga. La forme du visage est en pointe, comme pour le visage de face (voir page 28).
Marque **l'emplacement de l'oreille** par une ellipse ; n'oublie pas qu'elle est légèrement dirigée vers l'arrière (voir page 32).

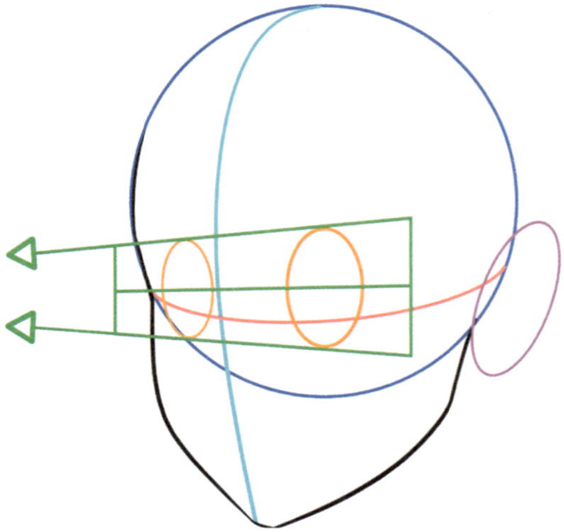

5 **LES YEUX.** Trace les deux ovales des yeux. En vue de trois-quarts (comme on l'a vu pour le crâne, page 56), il y a une **légère profondeur** qui s'exprime par **une légère différence de taille des yeux** : le plus proche est plus grand et plus large, alors que l'autre est plus petit et plus écrasé.

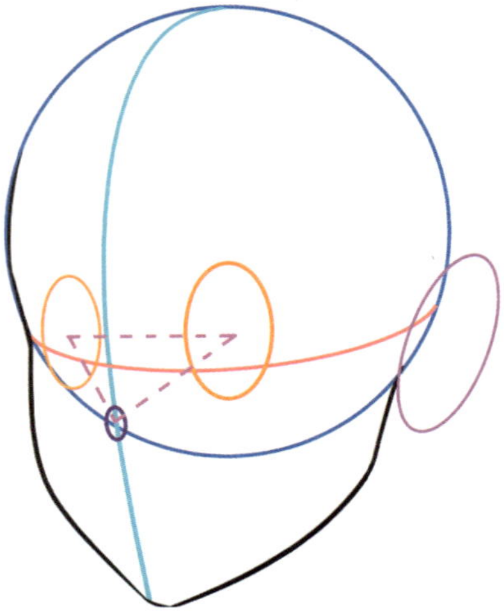

6 **L'EMPLACEMENT DU NEZ.** Dessine un petit ovale pour placer le nez. Vus de trois-quarts, le nez et les yeux sont indissociables : pour te le montrer, je les ai reliés ici par un **triangle rose**. C'est un repère important pour l'alignement des yeux et du nez, qui pourrait t'aider à l'avenir si tu dessines une tête penchée, ou une vue en plongée ou en contre-plongée.

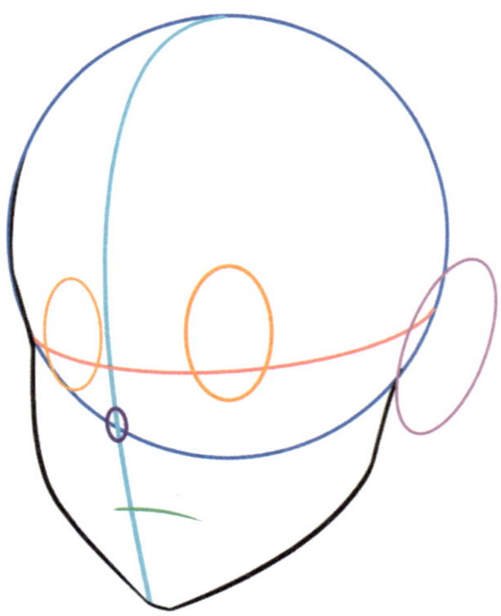

7 **LA BOUCHE.** Représente-la par une légère courbe, à mi-distance entre le nez et le menton.

La bouche est l'élément dont le placement est le plus modulable sur le visage. Selon le style de dessin ou l'angle de vue choisi, elle peut accentuer l'effet narratif d'une expression ou d'une plongée ou contre-plongée. Elle peut alors se retrouver tout près du menton ou du nez, et parfois même complètement désaxée par rapport au nez !

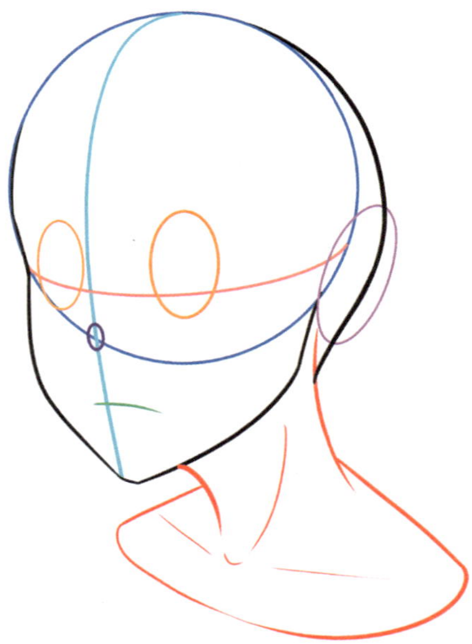

8 **LE COU (en rouge).** Il n'a normalement plus de secrets pour toi ! Ajoute une courbe supplémentaire **(en noir)** pour relier le cou au crâne et marquer la présence de l'os occipital et la courbe de l'arrière du crâne (comme vu pour le crâne de trois-quarts). Ne pas dessiner cette courbe à l'arrière de la tête **briserait tout le naturel** de ton personnage. Alors, penses-y !

La ligne d'horizon, la plongée et la contre-plongée

Nous voulons tous créer les dessins les plus dynamiques et originaux possibles.

Pour représenter au mieux la scène que nous souhaitons raconter, nous devons nous mettre dans la peau d'un réalisateur de films, déplacer et orienter **notre caméra sous tous les angles** !

C'est donc le moment de nous familiariser avec les termes de **plongée** et de **contre-plongée.**

Souviens-toi : nous en avons déjà un peu parlé lors du premier chapitre (voir page 19), au moment de dessiner une figure géométrique vue du dessus ou du dessous.

Pour faire simple, dans notre perception du monde, il existe une ligne imaginaire que l'on appelle **la ligne d'horizon** : cette ligne représente tout ce qui se situe à hauteur de nos yeux (ou de la caméra).

Pour voir tout ce qui se trouve **au-dessus de nos yeux,** nous devons lever la tête et regarder le sujet du dessous : **c'est la contre-plongée.**

CONTRE-PLONGÉE

LIGNE D'HORIZON

PLONGÉE

Au contraire, pour voir tout ce qui se trouve **au-dessous de nos yeux,** nous devons baisser la tête et regarder le sujet du dessus : **c'est la plongée.**

La réussite d'une vue de trois-quarts du visage repose sur deux éléments : l'axe du nez et l'axe des yeux. Ce sont les notions qui te demanderont le plus de ressenti, car pour la toute première fois, tu vas **créer un mouvement qui suivra la forme de ces deux axes.**

Pour le trois-quarts, tout comme pour le visage de face et de profil, commence par un cercle et intègre petit à petit les détails qui s'adapteront à la forme arrondie du visage de ton personnage.

L’axe du nez

Le trois-quarts couvre l’ensemble des positions intermédiaires entre la vue de face et la vue de profil. C’est-à-dire tous les angles situés entre 0° (de face) et 90° (de profil).

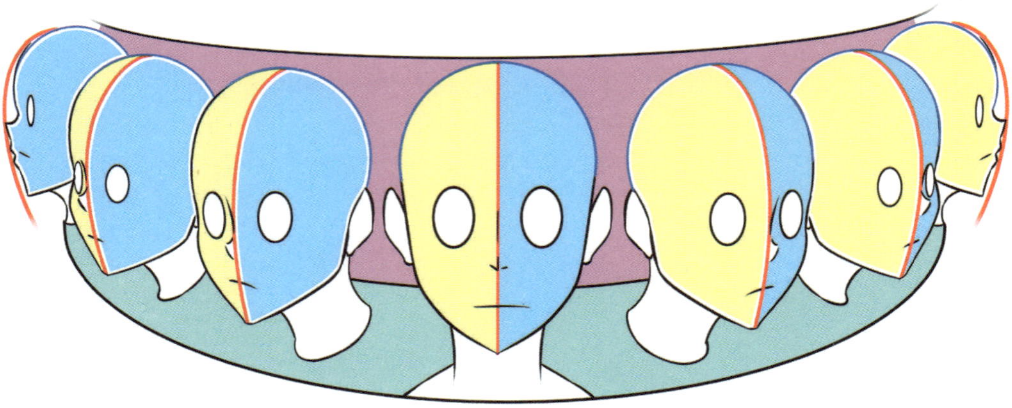

La position de l’axe du nez dépend essentiellement de l’orientation que tu veux donner à la tête de ton personnage. Plus tu te rapprocheras de la vue de profil, plus l’axe du nez sera proche de l’extrémité du cercle.

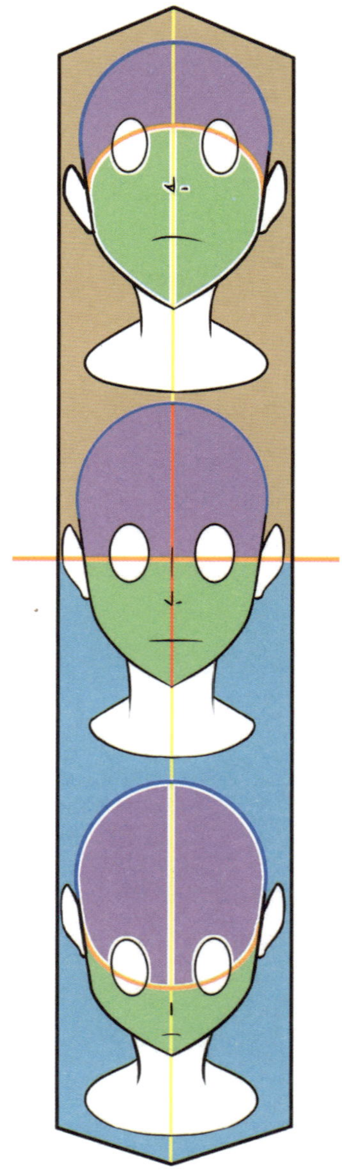

L’axe des yeux

Il dépend essentiellement de l’endroit où se trouve l’objet par rapport à la ligne d’horizon.

1. Il correspond à une ligne épousant la forme du cercle. Un bel arrondi se forme autour de celui-ci, ressemblant à une demi-ellipse : cet axe permet de définir l’emplacement des yeux sur cette ligne.

2. L’axe des yeux sera déformé selon la force de la plongée et de la contre-plongée, comme sur le schéma ci-contre, qui est très accentué pour une meilleure compréhension : plus le personnage est en dessous ou au-dessus du regard du spectateur, plus l’ellipse s’étire et se tord du fait de l’éloignement et de la profondeur.

3. Par conséquent, selon la position du personnage par rapport à la ligne d’horizon, **la partie la plus proche de toi sera la plus visible : en plongée,** le haut du crâne **(en violet)** et**, en contre-plongée**, le menton (en vert).

Le simple fait de basculer l’axe du nez et celui des yeux permet d’obtenir des personnages en plongée et en contre-plongée avec **un effet de mouvement du visage par cette seule variation d’inclinaison**.

Ainsi, placer en biais les axes du visage (de trois-quarts, de face, ou de profil) donne des plans plus originaux et **peut aider à accentuer l’expression des émotions** de ton personnage !

Pour que tu te repères facilement dans la réalisation des étapes de ce dessin, j'ai conservé les codes couleur de la structure du visage de trois-quarts.

CHAPITRE 4

Le trois-quarts héroïque

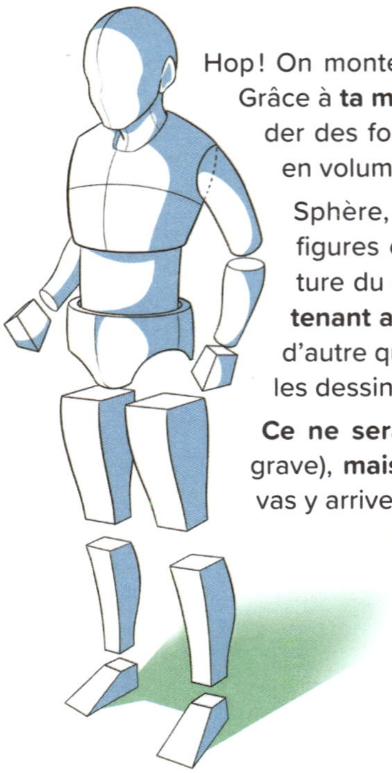

Hop ! On monte encore d'un niveau avec le trois-quarts héroïque ! Grâce à **ta maîtrise des figures géométriques,** tu peux enfin aborder des formes plus complexes et t'approcher de la réalisation en volume des personnages de tes rêves.

Sphère, parallélépipède, cylindre... Si tu sais dessiner ces figures et que tu t'es bien entraîné(e) à représenter la structure du personnage manga de face et de profil... **tu es maintenant apte à réaliser un trois-quarts héroïque,** qui n'est rien d'autre qu'un mix de ces deux positions, l'ordre dans lequel on les dessine étant le même.

Ce ne sera peut-être pas du premier coup (et ce n'est pas grave), **mais à force de patience, de pratique et de volonté,** tu vas y arriver, apprenti(e) mangaka !

Pour t'aider, voici quelques petits « tips » que je souhaite partager avec toi !

Tip n°1

La structure de trois-quarts ressemble à celle de profil. **L'impulsion générale** est aussi en forme de S : le torse est dirigé légèrement vers l'avant et les jambes vers l'arrière. Commence ton dessin par cette courbe pour te guider ensuite d'après la force de ce trait.

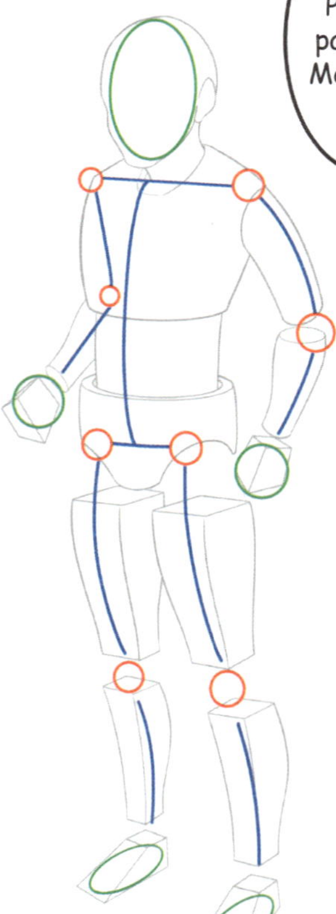

MON CONSEIL

Aie la main légère quand tu traces tes traits de construction, *afin de pouvoir les effacer facilement quand tu passeras à la finalisation de ton personnage.*

Tip n°2

Avant de te lancer dans la structure géométrique de ton personnage, dessine-le en **fil de fer** (voir page 89) : cela te permettra de placer les proportions générales et les articulations **(cercles rouges)**.

C'est une manière simple et rapide d'avoir une vue d'ensemble de ton futur personnage !

ON S'ENTRAÎNE !!!

EXERCICE 1

DESSINE LE CRÂNE DE TROIS-QUARTS.

EXERCICE 2

DESSINE LA STRUCTURE DU VISAGE MANGA DE TROIS-QUARTS

EXERCICE 3

DESSINE LA STRUCTURE DU CORPS MANGA DE TROIS-QUARTS.

がんばって

*Ganbatte : Fais de ton mieux !

LE DÉFI !

DESSINE UN VISAGE DE TROIS-QUARTS (QUE TU AURAS IMAGINÉ TOI-MÊME) EN PLONGÉE, PUIS EN CONTRE-PLONGÉE.

POUR RÉUSSIR L'EXERCICE DÉFI

Rappelle-toi: *il faut* **visualiser une ligne d'horizon imaginaire.** *Tout ce qui se trouve sous cette ligne est vu du dessus, et tout ce qui est au-dessus met en avant le dessous.*

La difficulté de cet exercice repose bien sûr sur l'invention d'un angle de vue difficile, mais aussi sur le rapport entre les deux visages: en effet, on doit identifier sans peine que c'est bien le même personnage qui est représenté!

POUR ALLER PLUS LOIN ET T'INSPIRER

VOICI DIFFÉRENTS TYPES DE TROIS-QUARTS EN STRUCTURE ET EN FINALISÉ POUR QUE TU PUISSES T'ENTRAÎNER ET T'AMUSER À LES RECOPIER.

CONCENTRE-TOI SUR L'ASPECT AXIAL DE TON TROIS-QUARTS : LES LIGNES DU NEZ ET DES YEUX SONT À RÉALISER AVEC PRÉCISION POUR OBTENIR LES ANGLES QUE TU VEUX VRAIMENT !

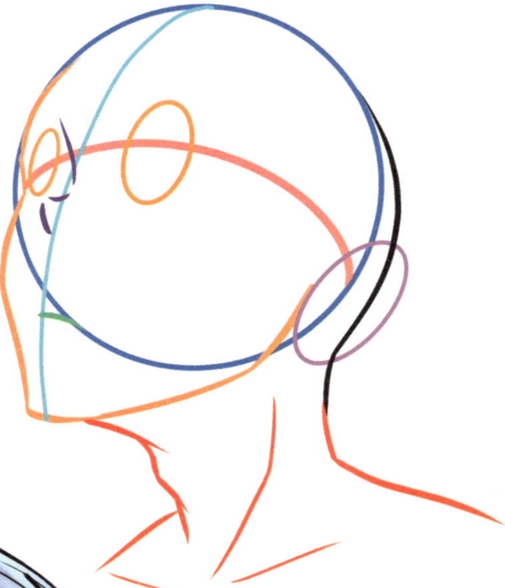

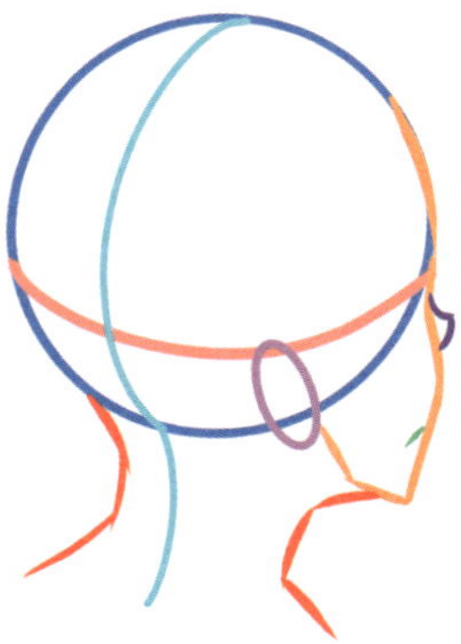

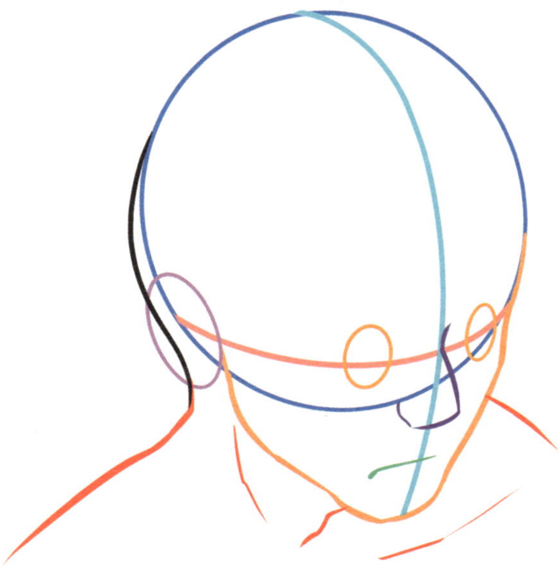

CHAPITRE 5

LES MUSCLES DES JAMBES

LE SOUTIEN DU PERSONNAGE

POSSÉDANT PRINCIPALEMENT UNE **FONCTION LOCOMOTRICE** – SE DÉPLACER –, LES JAMBES PEUVENT SEMBLER AVOIR PEU D'IMPORTANCE, ET SANS GRANDE UTILITÉ NARRATIVE.

AU CONTRAIRE! LE DESSIN MANGA SIMPLIFIE LES INFORMATIONS TECHNIQUES DU CORPS POUR **PRIVILÉGIER L'ACTION ET L'HISTOIRE.** MAÎTRISER LA REPRÉSENTATION DÉTAILLÉE DES JAMBES TE SERA TRÈS UTILE POUR POUVOIR **LES SIMPLIFIER, SANS PERDRE DE TEMPS À LES DESSINER.**

EN OUTRE, TU POURRAS UTILISER CES CONNAISSANCES POUR JOUER AVEC LES **QUELQUES ATOUTS NARRATIFS** LIÉS AUX JAMBES, ET CE QU'ELLES RACONTENT DU PERSONNAGE!

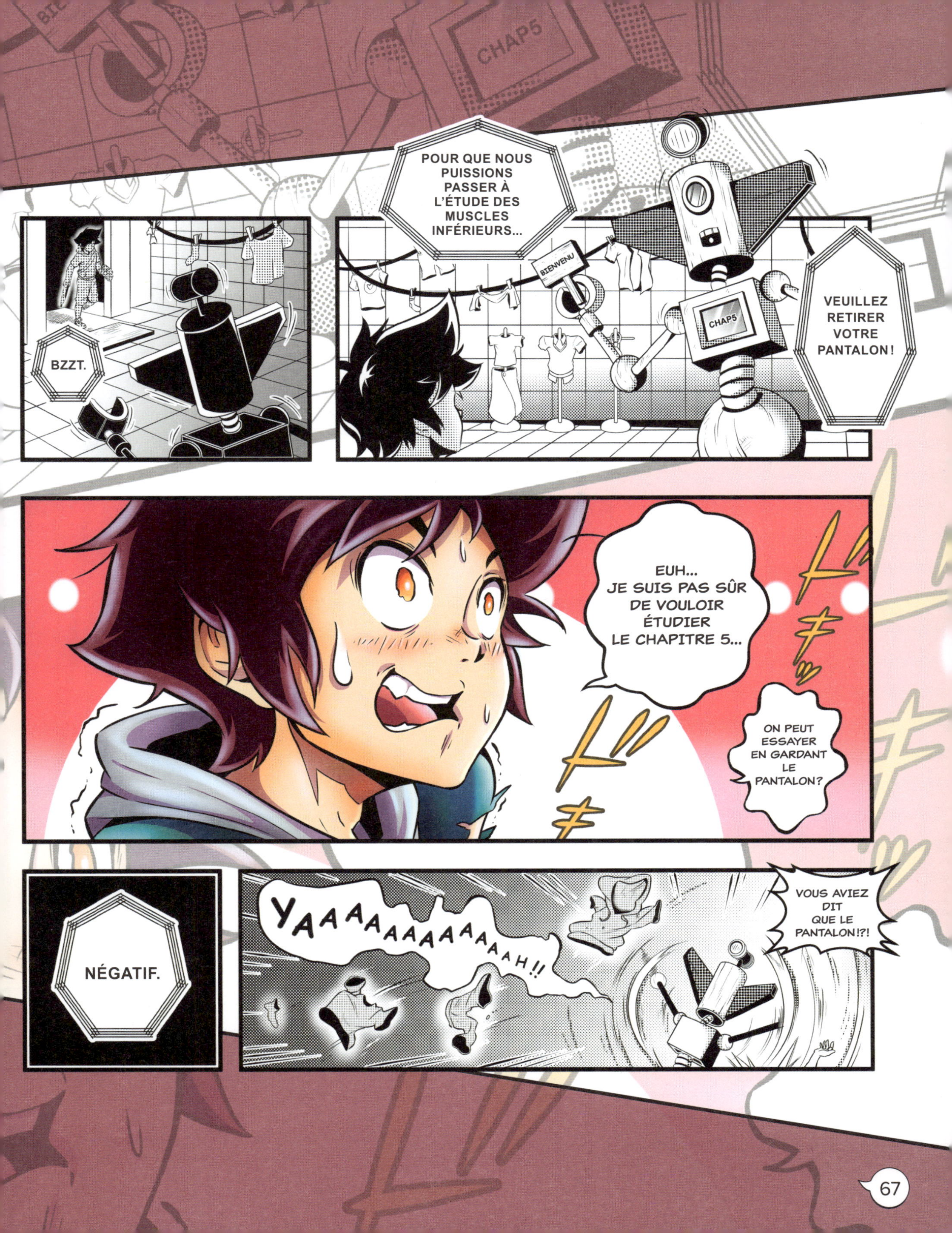
BZZT.
POUR QUE NOUS PUISSIONS PASSER À L'ÉTUDE DES MUSCLES INFÉRIEURS...
BIENVENU
CHAP5
VEUILLEZ RETIRER VOTRE PANTALON !
EUH... JE SUIS PAS SÛR DE VOULOIR ÉTUDIER LE CHAPITRE 5...
ON PEUT ESSAYER EN GARDANT LE PANTALON?
NÉGATIF.
YAAAAAAAAAAAAH!!
VOUS AVIEZ DIT QUE LE PANTALON!?!

CHAPITRE 5

Les MUSCLES de la CUISSE

Du pied jusqu'au bassin, la jambe comporte quelque 96 muscles ! Inutile de tous les étudier pour cet art du manga qui va à l'essentiel, mais voici les principaux à connaître pour réussir tes dessins.

Outre leur forme et leur emplacement, **comprendre la fonction de ces muscles permet de les dessiner contractés (gonflés) ou non, selon le mouvement du personnage.**

Un certain réalisme dans le détail des muscles renforcera l'intérêt de ton lecteur, qui ressentira intuitivement l'effet familier d'un muscle bien représenté.

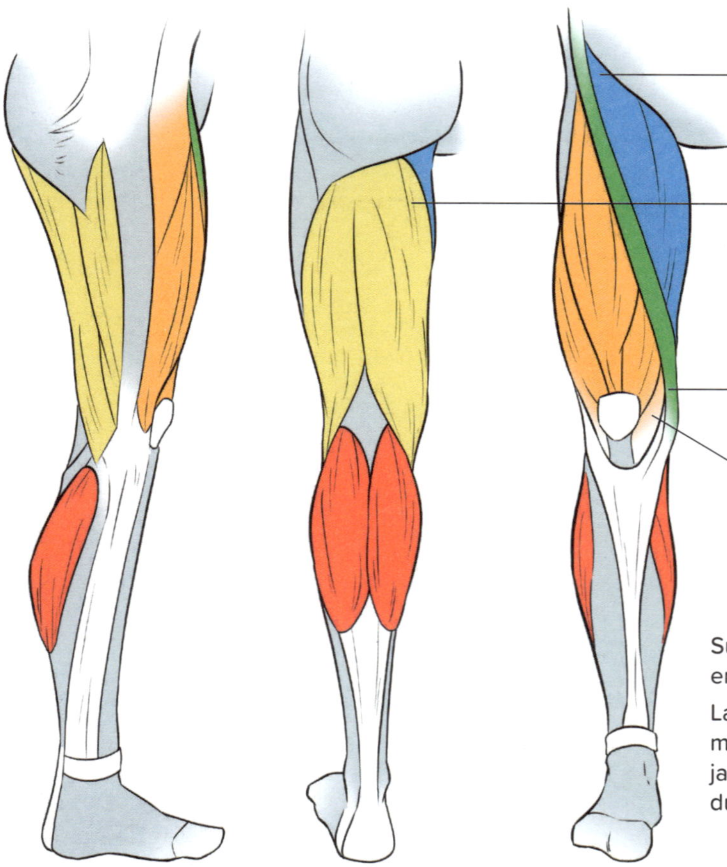

Les principaux muscles

Les adducteurs servent à ramener la jambe vers soi, mais aussi à se tenir droit : ce sont eux qui sont sollicités lorsque tu te tiens sur une jambe.

Le biceps crural et le semi-tendineux constituent un ensemble de muscles au service à la fois de la flexion, de la marche et du saut ! Ils fonctionnent simultanément et en harmonie avec les autres parties de la jambe.

Le sartorius est le muscle le plus long du corps ; il sert à la flexion et à la rotation du genou et de la hanche.

Le quadriceps est le muscle le plus volumineux du corps ; il sert à soutenir une bonne partie du poids du corps et à se déplacer.

Sur ce dessin, tu remarques aussi **les mollets** en rouge (nous allons y revenir juste après).

La partie blanche représente approximativement **l'ensemble des os et le cartilage** de la jambe (n'hésite pas à revoir le dessin réaliste du squelette, voir page 40).

MON CONSEIL

Sers-toi des volumes géométriques *vus aux chapitres 3 et 4 pour représenter la forme générale des cuisses de face, de profil et de trois quarts.*

Les MOLLETS

Les mollets jouent un rôle majeur dans la marche, le saut et la stabilisation du corps. Ils sont aussi **considérés comme notre deuxième cœur**, car telle une pompe, ils transportent le sang vers le haut du corps. (Si tu es fan de manga, cette information doit te dire quelque chose, non ?)

Le galbe du mollet donne une allure particulière au dessin de la jambe. C'est une **courbe très facile à réaliser** : la seule difficulté est de déterminer où la placer.

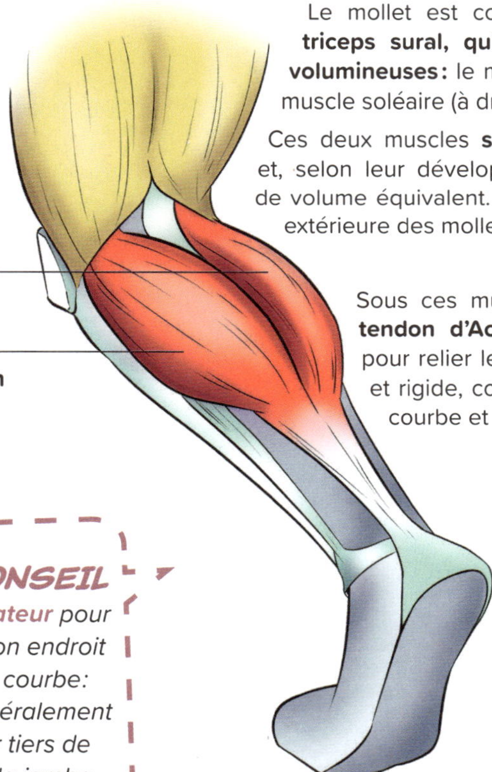

Le mollet est constitué d'un muscle s'appelant **le triceps sural, qui se décompose en deux parties volumineuses :** le muscle gastrocnémien (à gauche), le muscle soléaire (à droite).

Ces deux muscles **sont bien différents l'un de l'autre** et, selon leur développement, ne seront pas forcément de volume équivalent. Ils définissent directement la forme extérieure des mollets de ton personnage.

Sous ces muscles, tu trouveras le bien connu **tendon d'Achille :** c'est **un cartilage essentiel** pour relier le muscle à l'os. Il a un aspect tendu et rigide, contrairement au triceps sural, qui est courbe et souple !

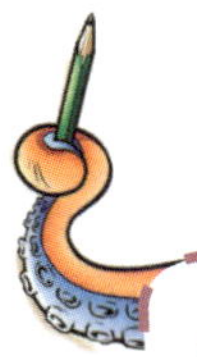

MON CONSEIL

Sois observateur *pour trouver le bon endroit pour cette courbe: elle part généralement du premier tiers de la ligne de la jambe.*

La forme du mollet dépend de la morphologie de chacun : il pourra être fin, saillant, courbe, plat... mais aussi de **nos activités quotidiennes** (comme pour le reste de notre corps, d'ailleurs !). Ainsi, les mollets d'un cycliste, d'un randonneur, d'un basketteur ou d'un alpiniste auront un développement différent.

Sois attentif si tu croises une musculature particulière, et essaie de repérer les courbes et contre-courbes qui la rendent unique : cela t'inspirera peut-être pour le dessin d'un de tes personnages !

Les JAMBES MANGAS

En version manga, on représente uniquement la ligne extérieure des jambes. La justesse de cette ligne est alors primordiale : **un jeu de courbes et de contre-courbes** va te permettre de **définir rapidement la forme de la jambe.**

Tu peux aussi t'amuser à accentuer les jeux de code liés aux jambes. En voici quelques exemples, pour une jambe droite vue de face, de profil et de trois quarts.

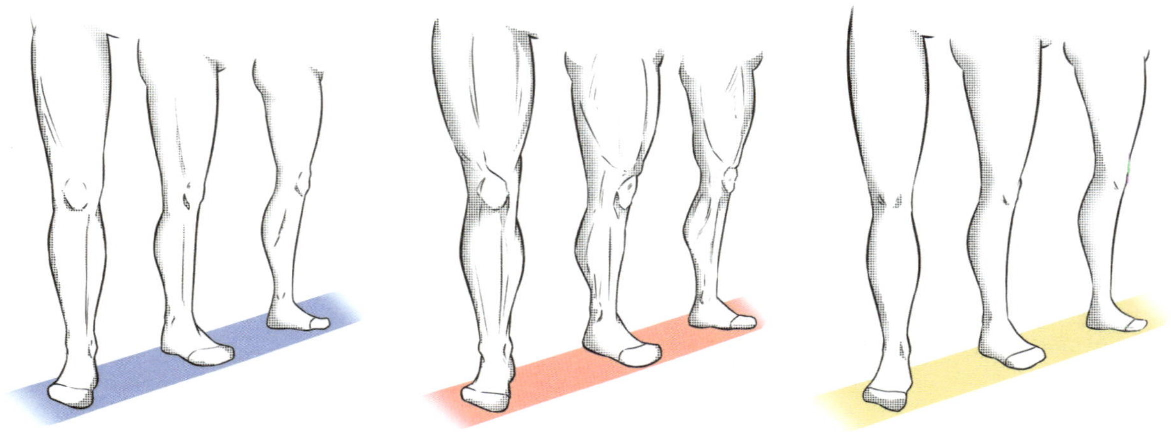

POUR DESSINER UNE JAMBE MASCULINE ADULTE « CLASSIQUE », reprends l'étude musculaire du début de ce chapitre, **en conservant uniquement la ligne extérieure** de ce dessin.

POUR UN EFFET DE JAMBE MUSCLÉE, tu peux **gonfler les muscles et bien marquer les passages** entre le quadriceps, l'adducteur et le triceps sural.

POUR UN RENDU PLUS DOUX, VOIRE FÉMININ, tu peux au contraire atténuer au maximum la marque des transitions musculaires, et représenter l'extérieur de la jambe par des courbes souples et lisses.

CONCLUSION

Le développement musculaire des cuisses et des mollets, et la force des courbes t'aideront à exprimer la personnalité de ton personnage. À toi de créer les jambes qui lui correspondent le mieux!
Alors, même si cela peut paraître moins intéressant que de dessiner un visage, ne néglige pas cette partie de ton apprentissage! Prends appui sur ces bases, et complète avec les différents styles de dessin de tes mangas préférés.

***N'oublie pas également d'observer les gens au quotidien** pour repérer les différentes courbes et contre-courbes: cuisses, mollets et genoux n'auront bientôt plus de secrets pour toi, et tu en maîtriseras toutes les subtilités nécessaires pour ton voyage dans le monde du dessin manga!*

ON S'ENTRAÎNE !!!

EXERCICE 1

DESSINE L'ÉTUDE DES MUSCLES DE LA JAMBE VUE DE FACE, DE PROFIL ET DE TROIS QUARTS DE CE CHAPITRE.

EXERCICE 2

DESSINE L'ÉTUDE DES MUSCLES DU MOLLET.

EXERCICE 3

DESSINE DE FACE, DE PROFIL ET DE TROIS QUARTS, UNE JAMBE MASCULINE VERSION MANGA. PUIS UNE JAMBE FÉMININE.

がんばって

*Ganbatte : Fais de ton mieux !

LE DÉFI !

DESSINE 3 POSTURES DE JAMBE DIFFÉRENTES : EN MARCHE, EN POSITION ASSISE, EN ÉQUILIBRE SUR UN PIED AVEC UN GENOU EN AVANT.

POUR RÉUSSIR L'EXERCICE DÉFI

C'est sûrement un défi encore difficile pour toi : pour t'aider, dessine le volume général de la jambe avec des formes géométriques comme on l'a vu dans les chapitres précédents, avant de te focaliser sur les détails.

Un dessin simple et des volumes bien placés, c'est le secret de la réussite de cet exercice !

POUR ALLER PLUS LOIN ET T'INSPIRER

POUR CES DESSINS DE JAMBES, J'AI JOUÉ AVEC LES CODES NARRATIFS AFIN DE DONNER À CHACUNE UN CARACTÈRE SPÉCIFIQUE. J'AI UTILISÉ PLUSIEURS STYLES ET TECHNIQUES POUR QUE TU T'ENTRAÎNES À FAIRE LE LIEN ENTRE ELLES.

OBSERVE BIEN LE RAPPORT ENTRE LA MISE EN VOLUME (GRÂCE AUX FORMES GÉOMÉTRIQUES) ET L'ÉVOLUTION DU DESSIN EN JAMBES VERSION MANGA (GRÂCE À LA LIGNE EXTÉRIEURE).

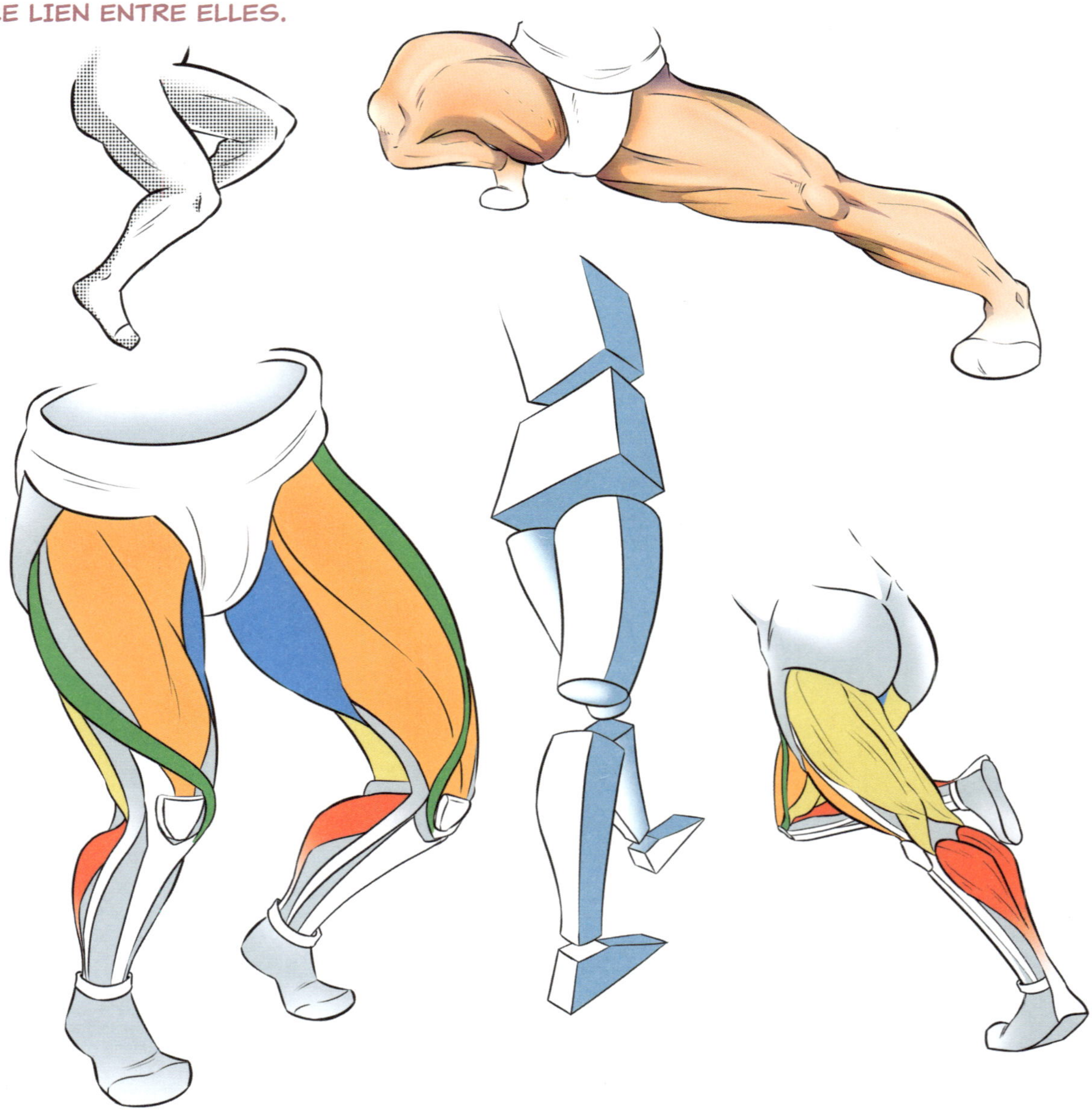

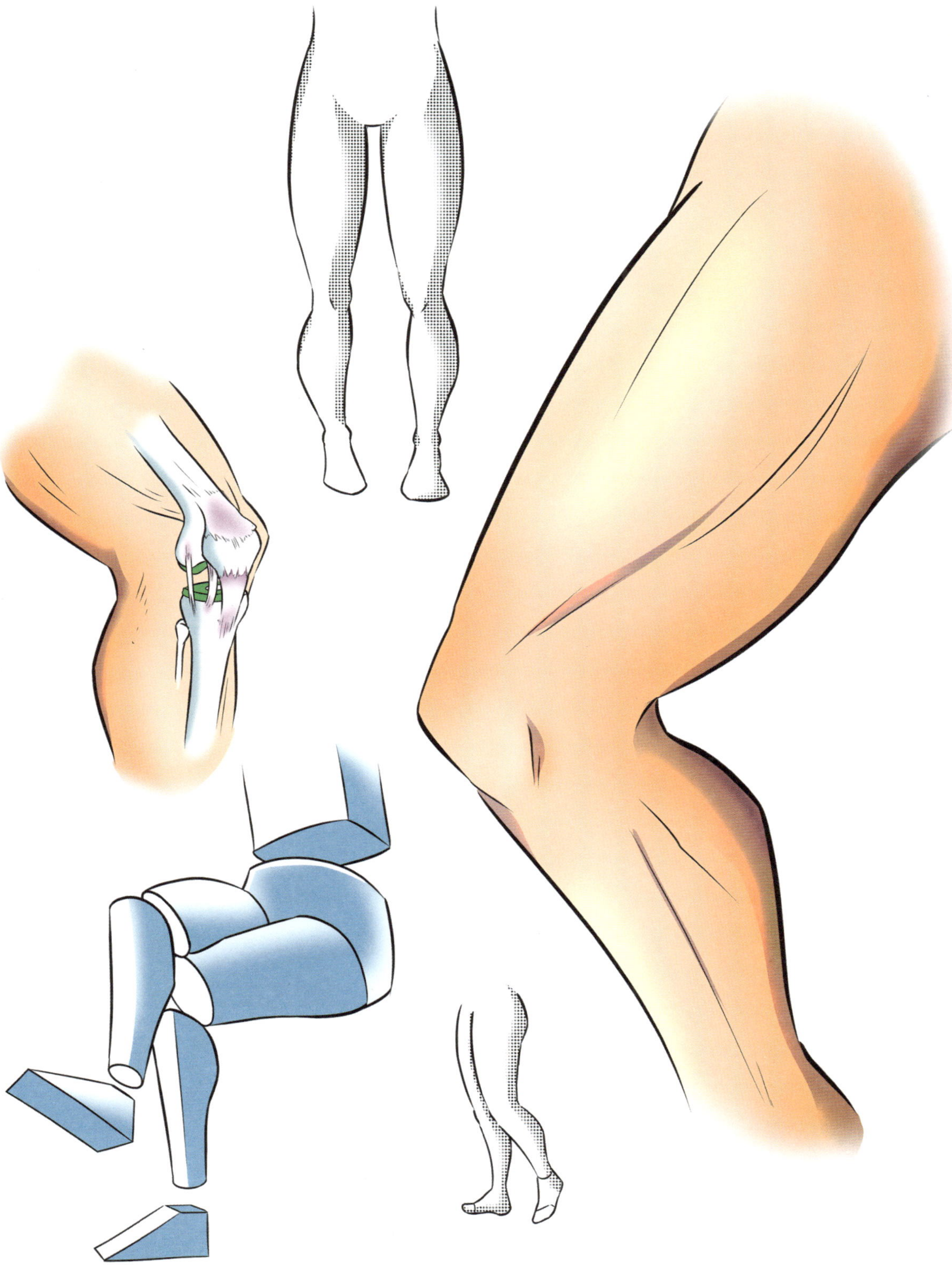

CHAPITRE

6

LE BUSTE ET LES BRAS

LA DYNAMIQUE NARRATIVE DU PERSONNAGE

FAISONS ENCORE UN GRAND PAS EN AVANT POUR NOUS ATTAQUER AUX MUSCLES LES PLUS NARRATIFS DU CORPS : CEUX DU BUSTE, DE L'ABDOMEN ET DES BRAS. LA QUINTESSENCE DE L'ANATOMIE !

POUR CE PASSAGE « MUSCLÉ », LE SECRET DE LA RÉUSSITE NE RÉSIDE PAS DANS LE VOLUME (COMME POUR LES JAMBES), MAIS DANS LE JUSTE PLACEMENT DE CHACUN.

ILS PERMETTENT D'IMPOSER « PHYSIQUEMENT » TON PERSONNAGE DANS UNE HISTOIRE. SA MUSCULATURE (ATHLÉTIQUE OU NON) NOUS RENSEIGNE SUR SA CARRURE, SA FORCE, SON ÉNERGIE, SES CHARMES, SON ALIMENTATION, SON RYTHME ET SON STYLE DE VIE... AUTANT D'INFORMATIONS PRÉCIEUSES TRANSMISES DIRECTEMENT AU LECTEUR !

C'EST QUOI, CES ROBOTS BIZARRES? ILS PEUVENT BIEN PRENDRE MES VÊTEMENTS...
MAIS JE N'ABANDONNERAI PAS MON APPRENTISSAGE POUR SI PEU!
MOI PAS PEUR ...
MODE HOMME DE CROMAGNON SUR SES GARDES....
HEIN ?
NE ME DITES PAS QUE C'EST ENCORE...
UN ROBOOOT !!!
WAAAAAH !!
PORTE MOI !

LE BUSTE

LES MUSCLES DU BUSTE

Voici un schéma très **simplifié** des muscles qui constituent le buste et le bassin ; si tu arrives à mémoriser ce schéma, un jeu infini de codes narratifs s'ouvrira alors à toi !

Très simplifié, car en réalité, le torse, le bassin et le dos sont des parties du corps où des dizaines de muscles s'enchevêtrent.

Comme pour les jambes, j'ai donc regroupé plusieurs muscles derrière une couleur pour que tu saisisses la musculature essentielle de chaque zone... et donc son essentiel narratif.

Les zones colorées ci-dessous sont intéressantes d'un point de vue narratif, car tu peux augmenter leur taille, durcir la ligne, les affiner à ta guise pour personnaliser et différencier tes personnages « sur-mesure »

BUSTE ET BASSIN - VUE DE FACE

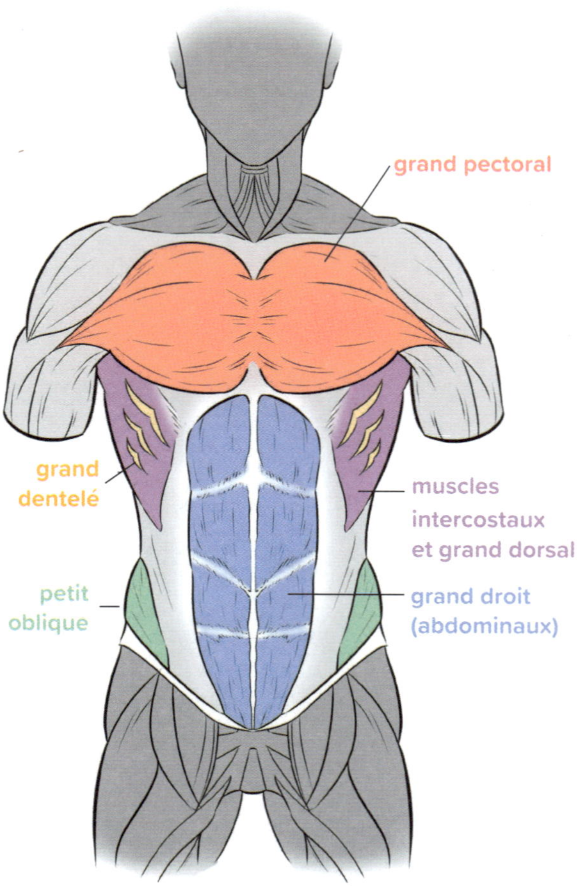

BUSTE ET BASSIN - VUE DE DOS

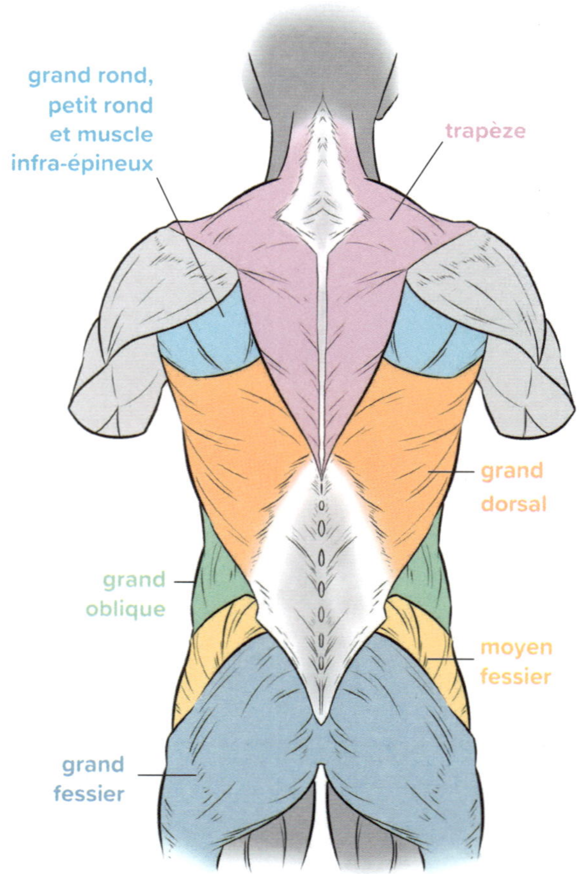

LE BUSTE MASCULIN MANGA DE TROIS-QUARTS

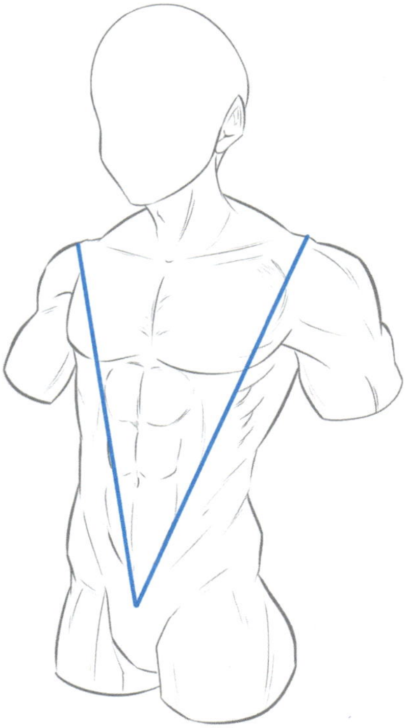

Les parties colorées ne font plus qu'une, pour représenter un buste jusqu'au bassin dont la ligne et l'ombrage se rapprochent le plus d'un manga.

Un visage sérieux dans un corps d'athlète en vue de 3/4 pour que tu puisses mieux comprendre sa mise en volume.

Pour t'aider à donner une allure musculaire masculine à un personnage, tu peux t'imaginer que le buste de l'homme est représentable en **V.** Tu peux réaliser un pré-croquis qui pourra ensuite **te guider dans ton dessin final.**

ASTUCE !

Pour donner un aspect plus naturel au rendu des muscles, pense à **laisser de l'espace entre les lignes musculaires, pour laisser « respirer »** ton dessin et **éviter ainsi que cela ne ressemble à des « briques »** de muscles.

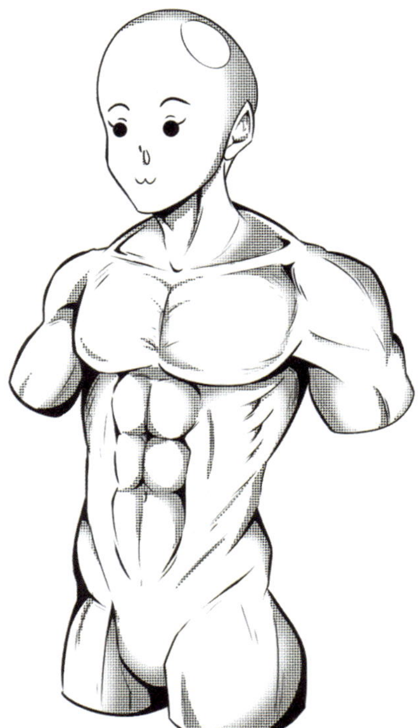

LE BUSTE FÉMININ MANGA DE TROIS-QUARTS

La représentation musculaire féminine est identique à son pendant masculin, à l'exception de **2 paramètres !**

• PARAMÈTRE N° 1

Comme on l'a vu précédemment, cela dépend beaucoup des morphologies de chacun ; toutefois, en général, les personnages féminins ont u**ne taille fine et les hanches plus larges.**

• PARAMÈTRE N° 2

Le deuxième point étant : **la poitrine**, où une masse graisseuse vient se superposer au grand pectoral.

BUSTE ET BASSIN FÉMININ DE TROIS QUARTS

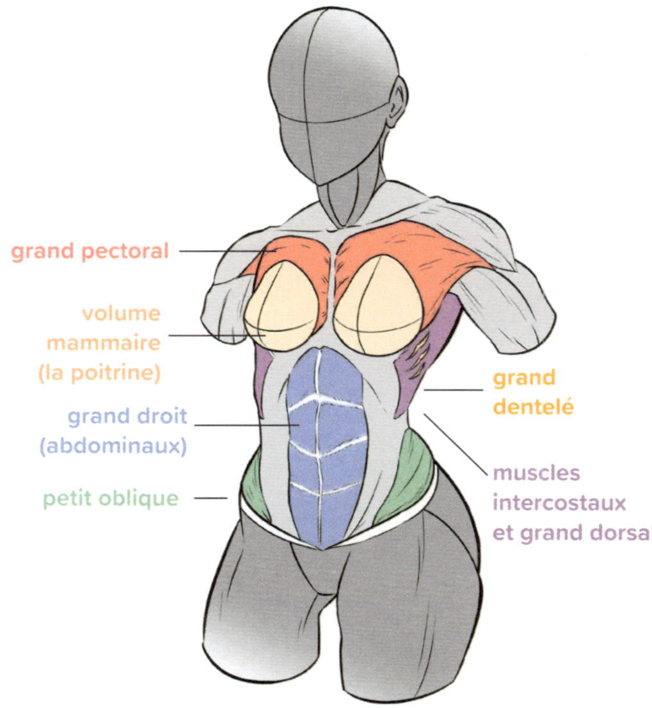

MON CONSEIL

Tu peux hiérarchiser la construction de ton dessin en commençant par représenter un torse plat, et ensuite seulement ajouter les volumes de la poitrine de ton personnage.

Étonnamment, la poitrine a peu d'impact narratif sur le personnage manga.

On peut toutefois l'utiliser au service du scénario. pour donner un effet humoristique particulier ou appuyer la personnalité d'un personnage.

Anatomiquement parlant, elle vient se superposer **au grand pectoral.**

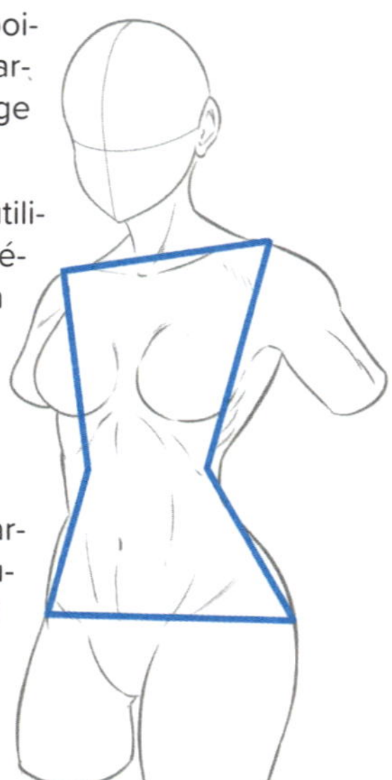

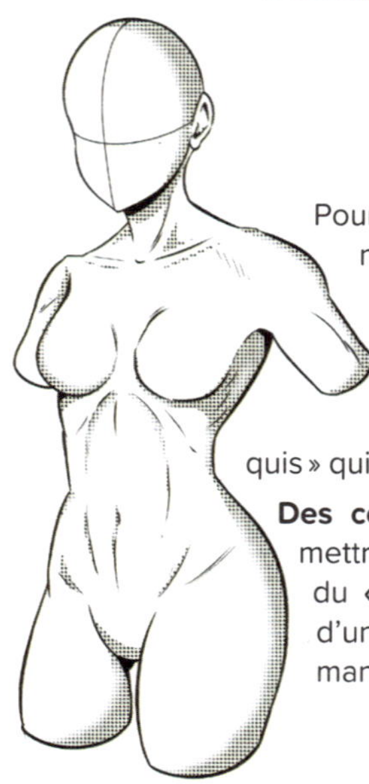

Pour t'aider à donner à un personnage une allure musculaire féminine, tu peux t'imaginer que le buste de la femme est représentable **en « sablier ».**

Tu peux réaliser un « pré-croquis » qui te guidera **dans ton dessin final.**

Des courbes souples et fluides permettront d'insister sur le degré narratif du **« canon anatomique classique »** d'un personnage féminin dans les mangas.

Les MUSCLES du BRAS

Les muscles des bras sont, eux aussi, des éléments de dessin décisifs pour la narration.

Voici un schéma très sommaire des muscles du bras, que j'ai volontairement simplifié en regroupant certains ensembles de plusieurs petits muscles sous une même couleur, afin que tu te concentres sur l'essentiel : **le placement du groupe musculaire et sa forme.**

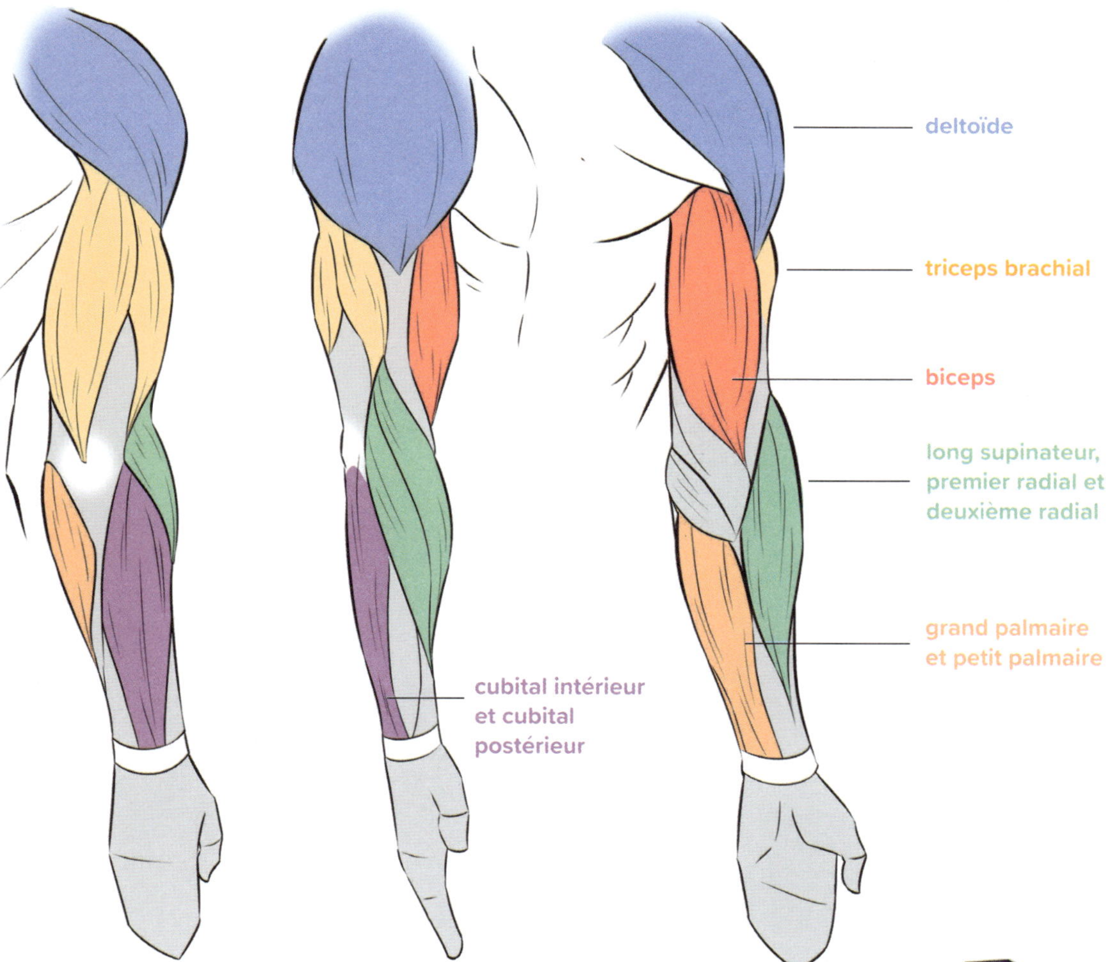

MON CONSEIL

L'avant-bras doit son important volume au fait qu'il est composé *de deux os enveloppés de muscles. En avoir conscience t'aidera à mieux le représenter.*

LE BRAS MANGA

Maintenant que les muscles du bras n'ont (presque) plus de secret pour toi, **tu peux t'amuser à représenter le bras à la ligne et l'ombrage mangas adaptés au personnage que tu souhaites créer.**

APPUIE-TOI SUR LE PLACEMENT ET LA FORME POUR JOUER AVEC LES CODES NARRATIFS.

BRAS MUSCLÉ

Gonfle et arrondis la forme des muscles.

BRAS MAIGRE

Souligne **les formes musculaires par des lignes fines.**

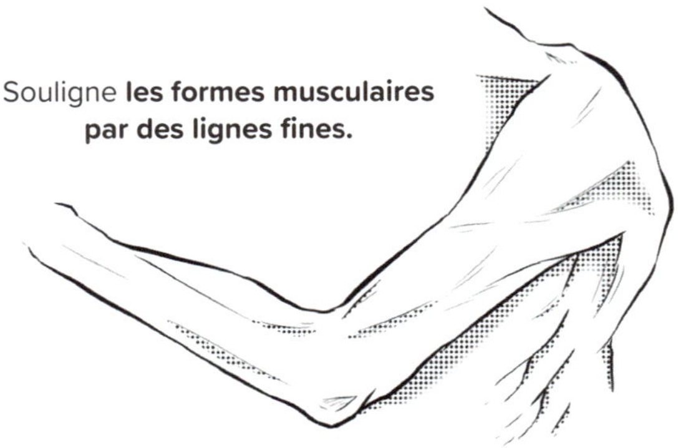

BRAS NEUTRE

Conserve simplement la ligne extérieure pour un bras de personnage **plus classique.**

CONCLUSION

*Voilà pour un rapide (mais solide) tour de **la théorie de l'anatomie des muscles du buste et des bras.***

*Connaître l'emplacement et la forme académique des muscles du corps humain est certes un atout majeur pour créer des personnages, si ce n'est une base indispensable. Ceci dit, n'oublie pas que **le manga ne reflète pas la réalité, il s'en inspire!***

*Tu as sûrement dû remarquer que certains mangakas ne s'alignent pas à cette représentation classique pure et dure: **ils exagèrent délibérément, voire vont jusqu'à créer de nouveaux muscles.** Ou, au contraire, **ils lissent les formes musculaires de façon angulaire pour inventer une toute nouvelle version anatomique** qui vient sublimer la réalité par l'imaginaire...*

*Car **le manga est avant tout une étonnante fiction qui se joue de notre réalité même si elle y prend racine...***

ON S'ENTRAÎNE !!!

EXERCICE 1

DESSINE L'ÉTUDE DE BUSTE DE FACE ET DE DOS ÉTUDIÉS DANS CE CHAPITRE.

EXERCICE 2

DESSINE L'ÉTUDE MUSCULAIRE DU BUSTE FÉMININ DE 3/4 ÉTUDIÉ DANS CE CHAPITRE.

EXERCICE 3

DESSINE LA VERSION MANGA DU BRAS DANS LE CHAPITRE.

がんばって

*Ganbatte : Fais de ton mieux !

LE DÉFI !

DESSINE 3 BUSTES DE PERSONNAGES DANS DES POSTURES DIFFÉRENTES.

POUR RÉUSSIR L'EXERCICE DÉFI

Tu as une petite panne d'inspiration? Voici deux idées : imagine une activité sportive ou un combat déchaîné pour réaliser des postures originales!

Répète cet exercice 2 ou 3 fois.

POUR ALLER PLUS LOIN ET T'INSPIRER

VOICI UNE DOUBLE PAGE DE DIFFÉRENTS BUSTES, ABDOMENS ET BRAS. J'AI VOLONTAIREMENT EXAGÉRÉ LES POSES ET LA REPRÉSENTATION MUSCULAIRE POUR QUE LEURS EFFETS NARRATIFS SOIENT DÉCUPLÉS.

POUR QUE TU N'OUBLIES PAS DE TOUJOURS COMMENCER PAR DES FORMES GÉOMÉTRIQUES SIMPLES, J'AI PLACÉ DES MANNEQUINS POUR T'AIDER À MIEUX COMPRENDRE LA CONSTRUCTION DE CES POSES INSPIRÉES DE DIFFÉRENTES ACTIVITÉS SPORTIVES.

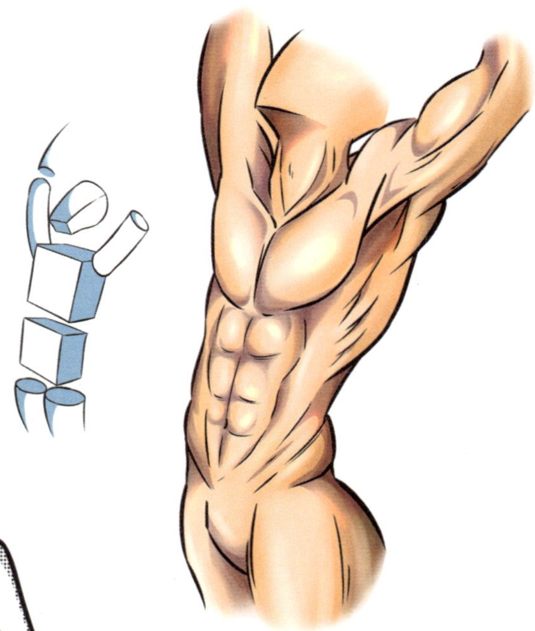

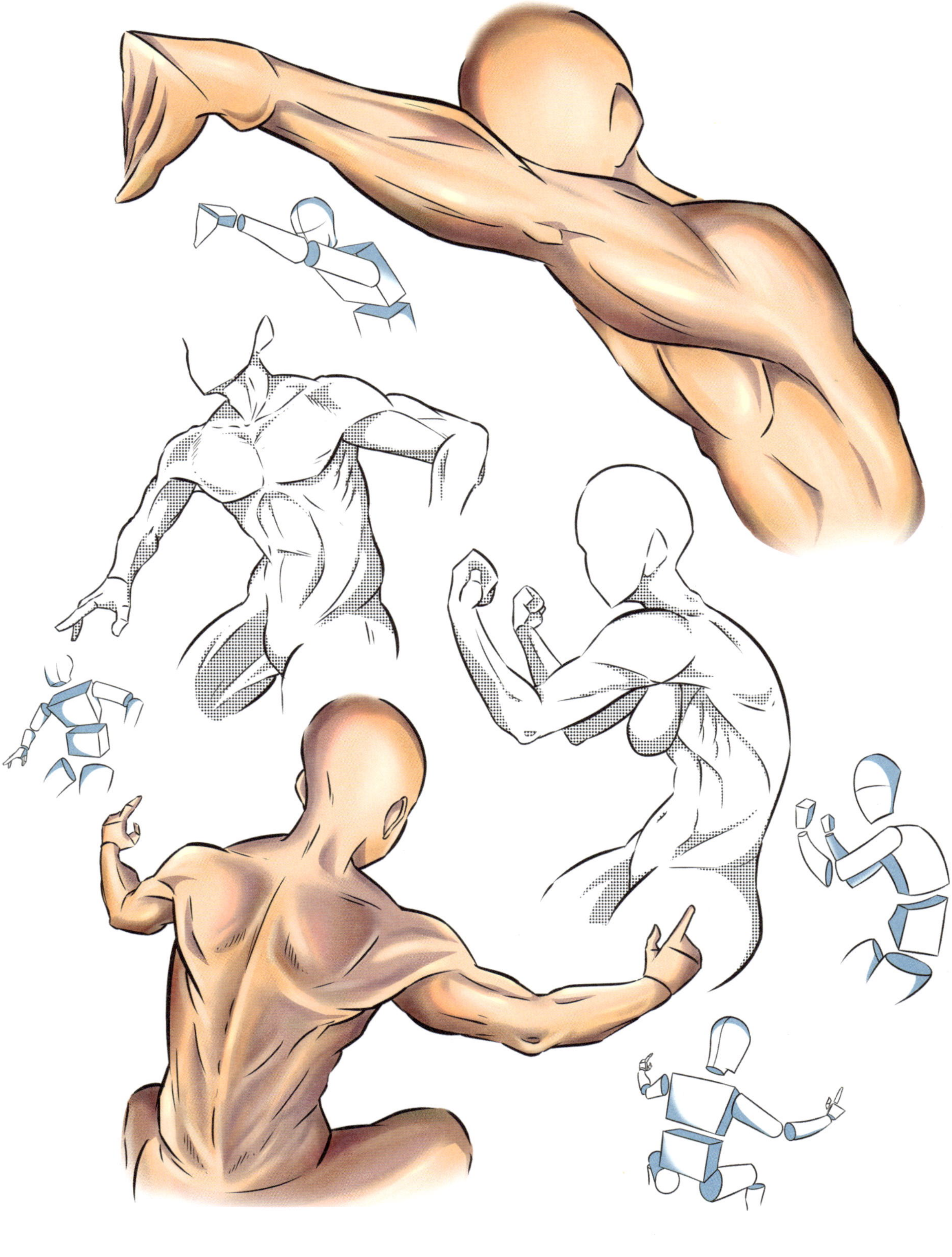

CHAPITRE 7

LES MAINS ET LES PIEDS

UNE HISTOIRE EN 20 DOIGTS

MAINS ET PIEDS SONT RÉPUTÉS ÊTRE LES REFLETS DE NOTRE SUBCONSCIENT ; LEUR GESTUELLE TRADUIT, VOIRE PROLONGE NOTRE PAROLE... ET PARFOIS MÊME TRAHISSENT NOS RESSENTIS MALGRÉ NOUS !

DANS TOUT ÉCHANGE SOCIAL COMME DANS L'ART NARRATIF, LE LANGAGE CORPOREL DES MAINS ET DES PIEDS FOURNIT DES INFORMATIONS EXTRÊMEMENT IMPORTANTES SUR LES ÉMOTIONS OU LES INTENTIONS CE SONT DE VÉRITABLES CLÉS DE DÉCRYPTAGE !

LA MAÎTRISE DE LEUR DESSIN EST DONC UN ATOUT MAJEUR. GRÂCE AUX NOTIONS DE CE CHAPITRE ET EN T'ENTRAÎNANT, TU RÉUSSIRAS HAUT LA MAIN CETTE NOUVELLE ÉTAPE QUI TIENT SUR DIX DOIGTS ET AUTANT D'ORTEILS !

JE PROGRESSE, J'APPRÉHENDAIS CE CHAPITRE, MAIS...
QUELLE QUE SOIT LA DIFFICULTÉ DE L'ÉPREUVE,
JE SUIS PRÊT À RELEVER LE DÉFI DE TOUTES MES FORCES !
Hu
Hu
Hu
TIRE MON DOIGT SI T'ES CAP' !
CHAP7
Hi
Hi
Hi
T'ES SÉRIEUX, LÀ?

CHAPITRE 7

LA THÉORIE DES MAINS

Comme pour le squelette (voir page 40), connaître les **canons conventionnels de proportions** et les garder dans un coin de ta tête peuvent te permettre d'éviter **des erreurs assez communes.**

CE QU'IL FAUT SAVOIR AVANT D'EN VENIR AUX MAINS :

1 Approximativement, on peut se dire que **la partie « paume » et la partie « doigts » sont de même longueur et ajustables dans deux carrés distincts** (en bleu).

2 Pour ne pas s'emmêler les doigts, le pouce faisant bande à part, on peut séparer la partie haute en **deux équipes : « l'index et le majeur »** **(zone verte)** et **« l'annulaire et l'auriculaire »** (zone jaune).

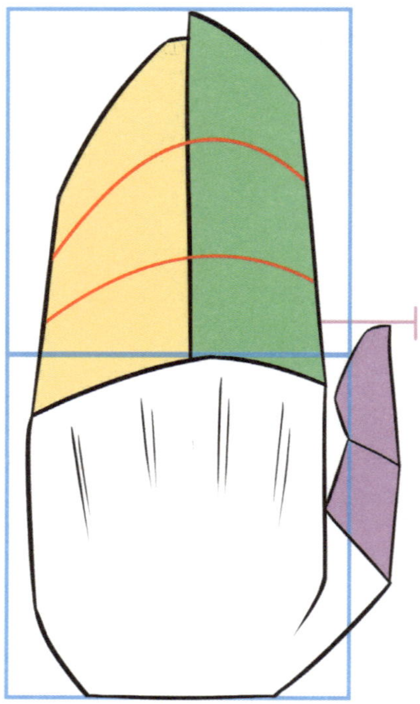

3 Les longueurs de chaque phalange et **le placement des interstices de flexion sont différents pour chaque doigt** formant cet axe irrégulier **(en rouge)**.

4 Le pouce n'a **que deux phalanges et son extrémité** arrive **environ au niveau de la première phalange** de l'index **(en violet)**.

MON CONSEIL

Une main aux doigts de même longueur ne serait pas du tout réaliste: *n'hésite pas à prendre ta propre main en référence à n'importe quel instant!*

5 Le **mouvement de flexion de la main** ne prend pas origine au début des phalanges comme l'on pourrait penser, mais **à partir cette « ride » naturelle** **(en orange).**

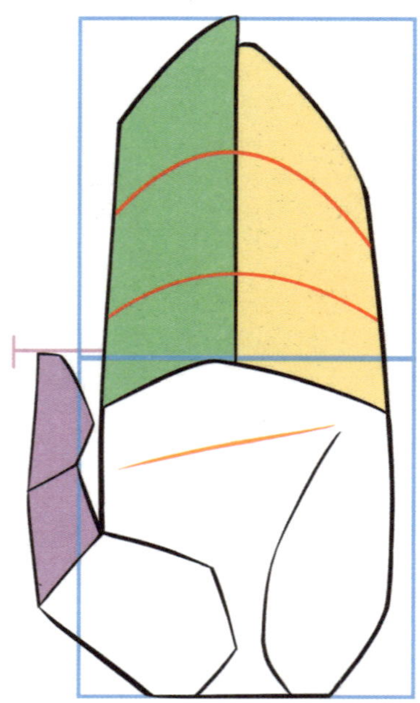

RYTHME ET SINGULARITÉ DU DOIGT

Maintenant que les proportions générales de la main sont posées, équipons cette fameuse paume avec les doigts ! Pour cela, les formes géométriques ainsi que les rythmes de la ligne (vus aux chapitres 1 et 2) seront très utiles.

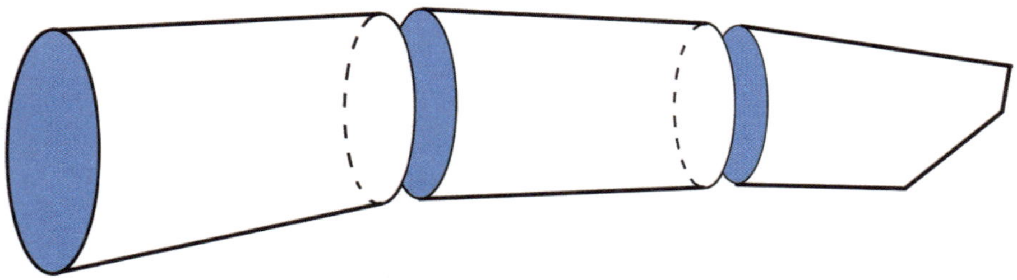

1/ Pour dessiner un doigt, **tu peux représenter chaque phalange par un cylindre** (voir page 14) ; **les espacements** entre ces cylindres représentent la jonction au niveau de laquelle une flexion est possible.

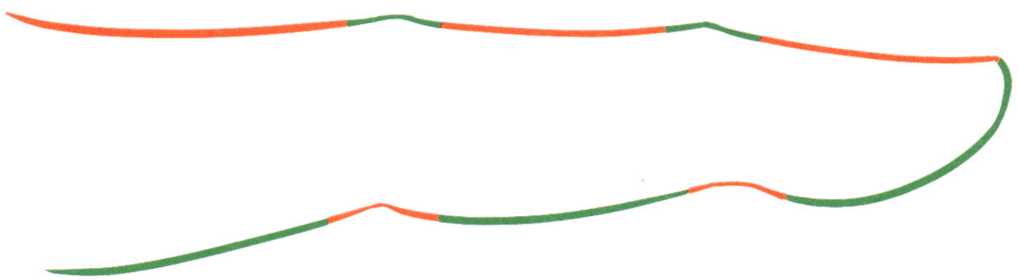

2/ Pour obtenir rapidement une allure réaliste, installe **un jeu de courbes (en vert)** **et** **de contre-courbes (en rouge)** **;** cela donnera **un rythme naturel** à ton doigt (voir page 30).

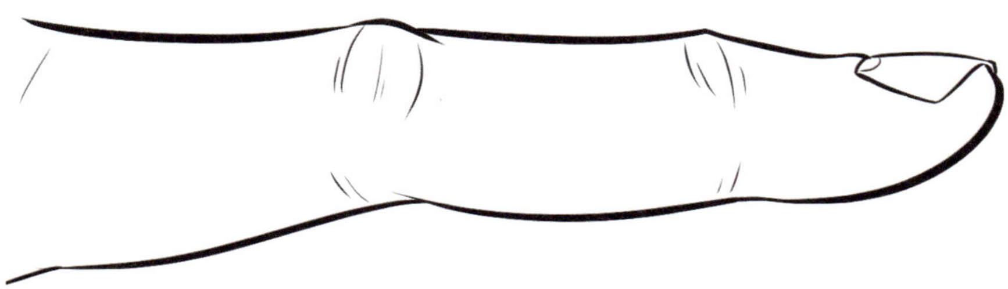

3/ Une fois le volume cylindrique (1) et la contre-courbe (2) effectués, il ne te reste qu'à apporter **des petits détails (type ridules de flexion) épousant la forme de ton doigt**... et il devrait pointer juste !

Les MAINS : CONSTRUCTION et MOUVEMENT

LA CONSTRUCTION GLOBALE

La plupart du temps, le dessin d'une main suivra la logique de construction ci-dessous.

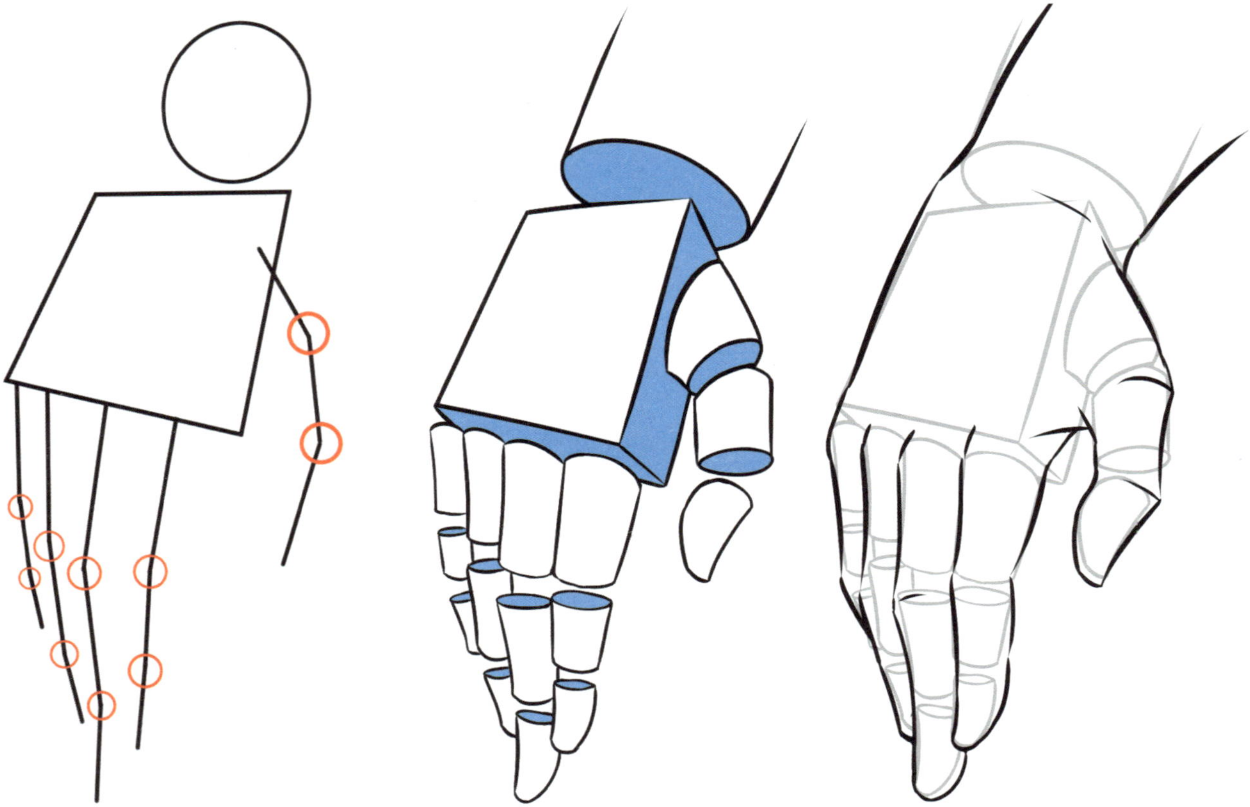

1 On commence par **définir la paume par un trapèze et la direction des doigts en bâton.** Les cercles correspondant aux endroits de flexion.

2 On définit ensuite **les volumes des phalanges par des cylindres pour faire apparaître le volume** de la main.

3 Il ne reste alors qu'à gommer légèrement les traits de construction pour les alléger, puis à redessiner **les traits extérieurs à l'aide d'un petit jeu de courbes et contre-courbes** afin de donner une allure naturelle à la main.

ADAPTER LES POSES AUX SITUATIONS

Les poses de mains ne sont pas équivalentes entre elles : si certaines se ressemblent grandement, d'autres sont nettement plus complexes.

Quelle que soit la position adoptée, voici **deux techniques de construction qui s'adapteront aux difficultés que tu pourras rencontrer.**

Technique du fil de fer

Nous avons vu que le schéma en fil de fer pouvait être très pratique pour réaliser les proportions générales du corps humain (voir page 62).

Cette même technique peut être extrêmement utile pour les mains, lorsque **les doigts sont en extension :** tendre la main, poser une main sur un support (exemple : une fenêtre), frapper une balle...

Avant de tracer les volumes cylindriques indiquant la position des phalanges, je t'invite à « **lancer** », **d'un mouvement vif, des courbes** partant de la paume de la main pour donner la **direction de tes doigts : cela les rendra plus dynamiques.**

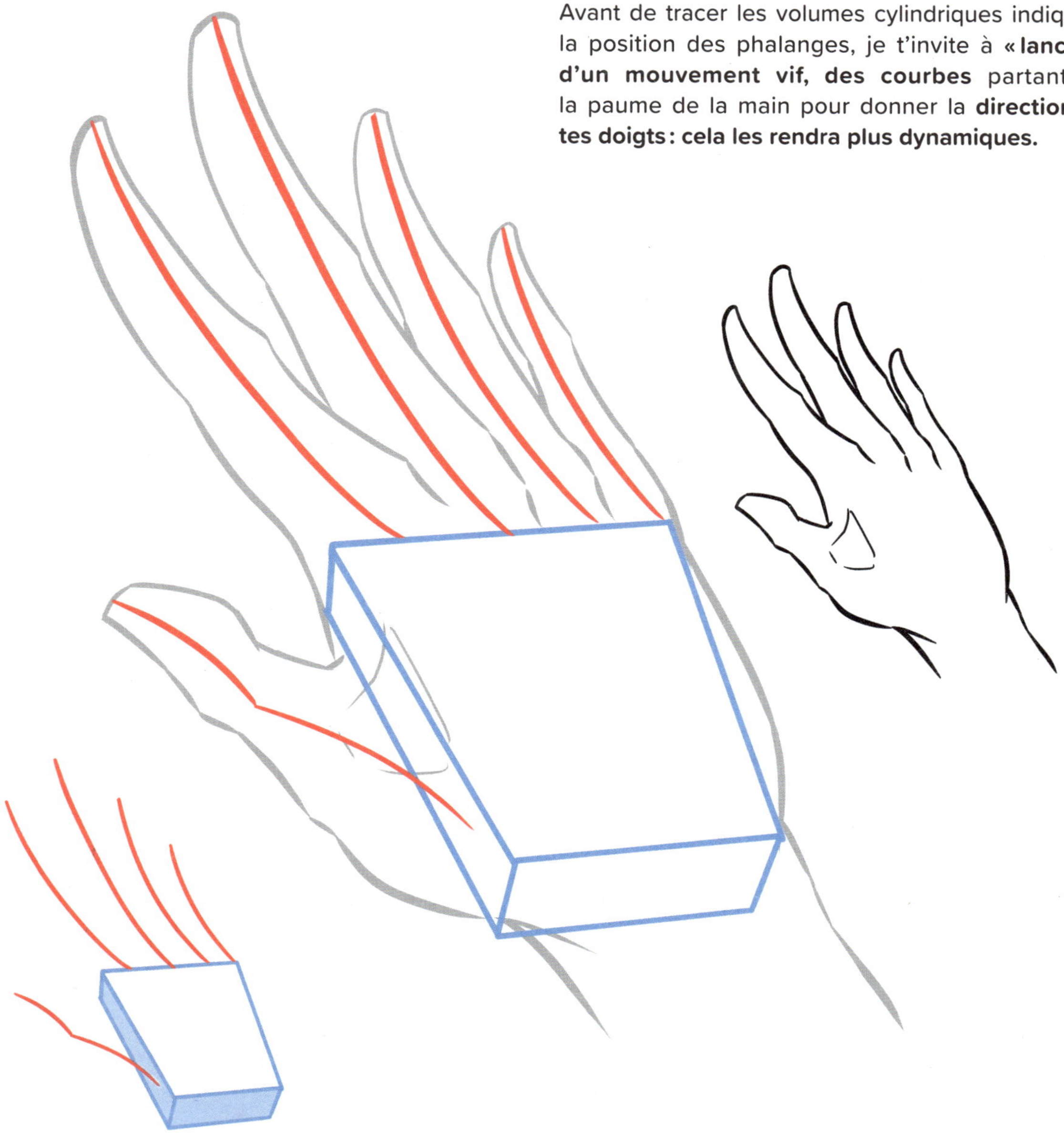

Technique du volume géométrique

Une fois de plus, les figures géométriques vont pour nous sauver la mise ! Elles permettent d'aborder l'espace tridimensionnel du futur dessin **sans se lancer dans des formes trop complexes. Elles évitent également de s'empêtrer dans de nombreux détails** qui, au final, brouillent la bonne perception d'un volume (qui est alors difficile à reproduire de façon juste).

Mais avant de poser les volumes cylindriques indiquant la position des phalanges, je t'invite à **organiser par des volumes les groupes de doigts exerçant une flexion différente : (ici en orange, rouge et vert).**

Cette technique est **utile pour les poses de mains complexes** où les doigts se plient en « groupe » de deux à trois doigts : pointer quelqu'un ou quelque chose du doigt, pincer un objet, serrer le poing...

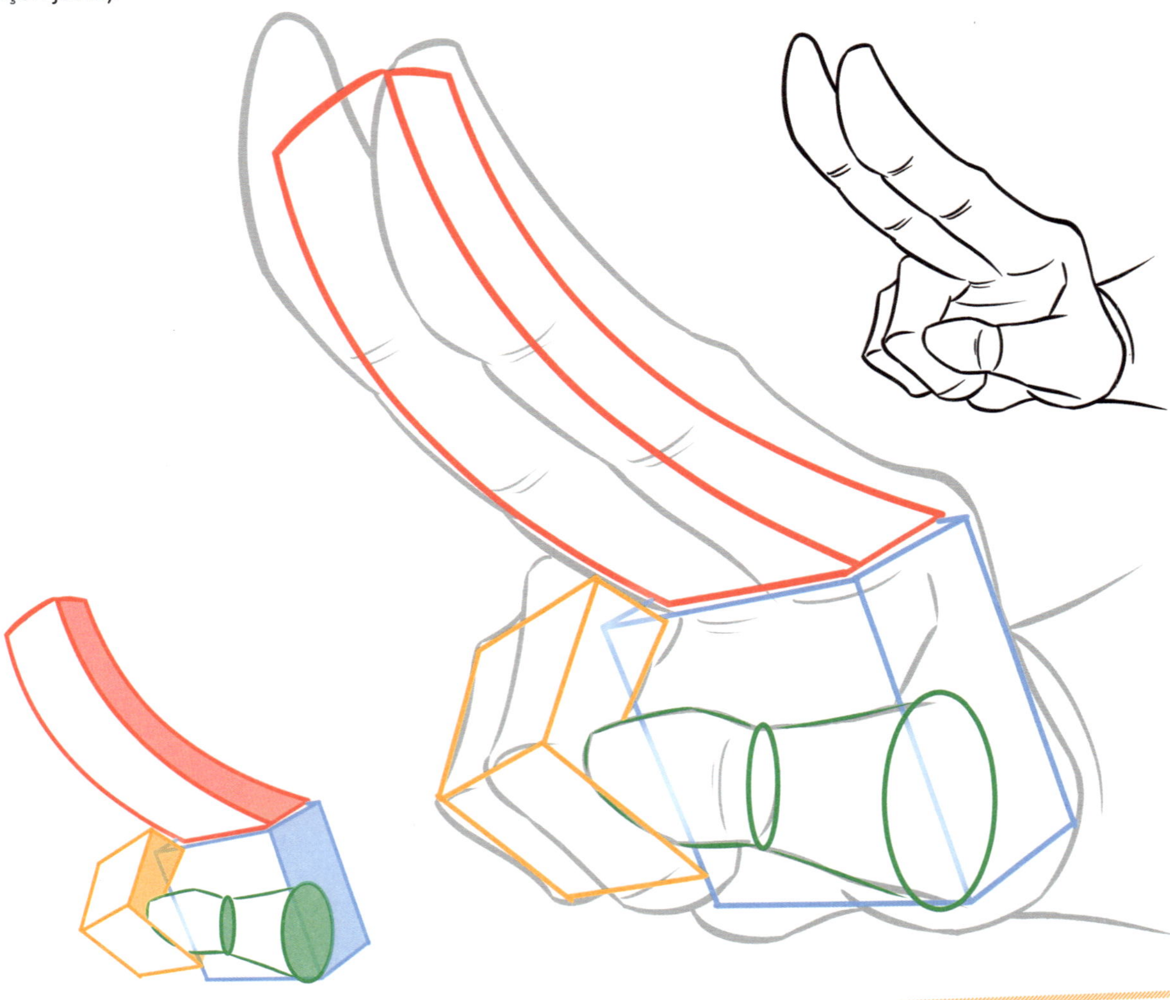

CONCLUSION

Dessiner les mains est difficile pour tous les ***dessinateurs.*** *Pour surmonter cette difficulté, persuade-toi que c'est « facile » en* ***dédramatisant : après tout, il ne s'agit que d'une paume et cinq doigts ! Efforce-toi de*** *dessiner de façon souple et détendue, sans laisser le stress et la crispation ralentir ta faculté d'observation et de progression ! Avant tout : fais-toi plaisir et* ***amuse-toi !***

LA THÉORIE DES PIEDS

Les pieds constituent le premier contact du corps avec le sol et ancrent la posture du personnage. Comme pour les mains, la difficulté à les dessiner est souvent décuplée par l'appréhension... Alors pas de panique (Monique), prends ton sac à formes géométriques et allons-y gaiement !

LE PIED DE TROIS-QUARTS

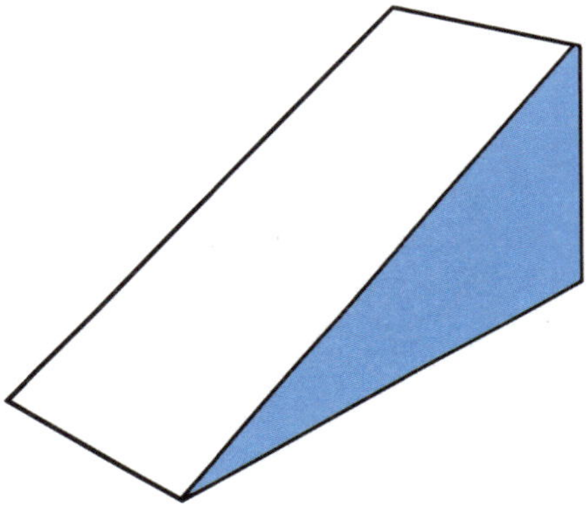

1 **Dessine la forme géométrique principale** qui permettra de situer le pied dans l'espace.

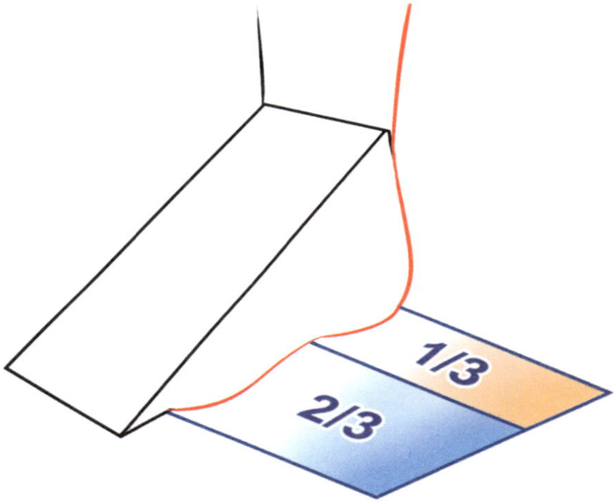

2 **Place les courbes de la plante des pieds**, le premier tiers représentant le talon, le deuxième tiers représentant la voûte plantaire.

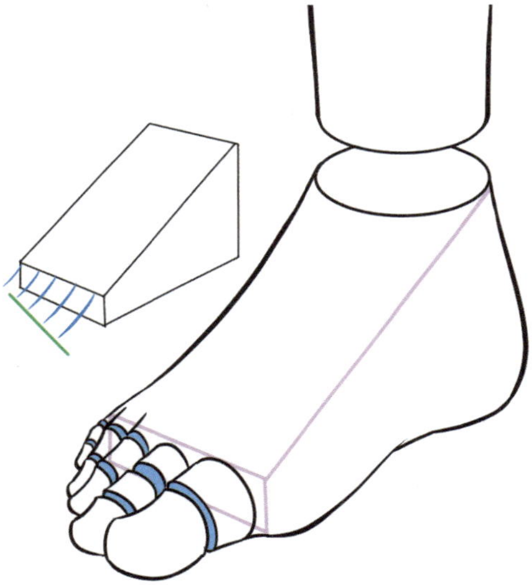

3 **Place les volumes cylindriques** en escalier, le gros orteil étant le plus en haut et le petit orteil, le plus en bas.

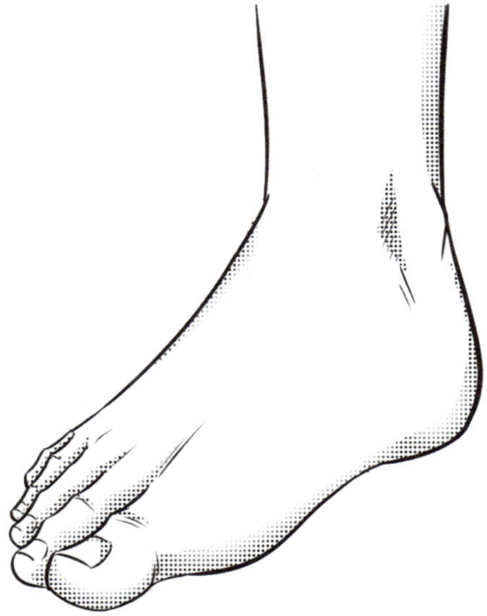

4 Finalise le pied en marquant par une courbe **l'os antérieur de la cheville** et en **ajoutant les ombres**.

LE PIED DE FACE

Ici, la méthode est différente, les étapes sont plus décomposées : il faut prendre le temps de **bien définir tous les rythmes naturels du pied, tout en y insérant une certaine perspective.**

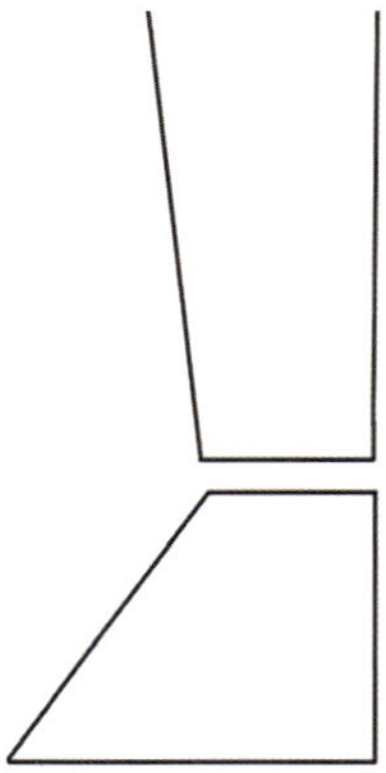

1 **Place les formes géométriques plates** qui définiront les premières proportions du pied et du début de la jambe.

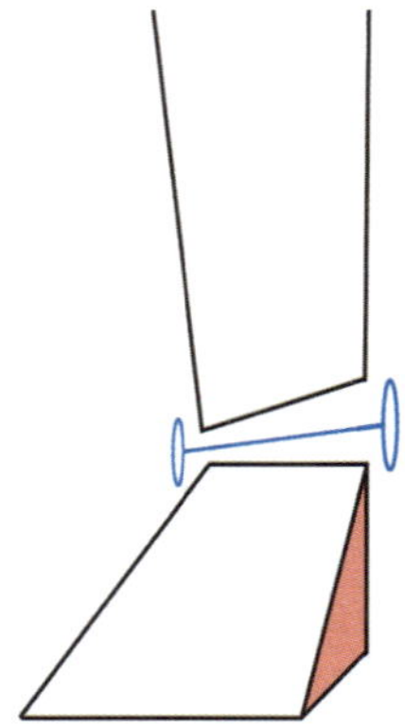

2 **Transforme la forme plate du bas en volume géométrique** pour définir l'emprise du pied sur le sol. Positionne deux ellipses légèrement décalées en hauteur pour les os de la cheville (qui ne sont pas tout à fait à la même hauteur).

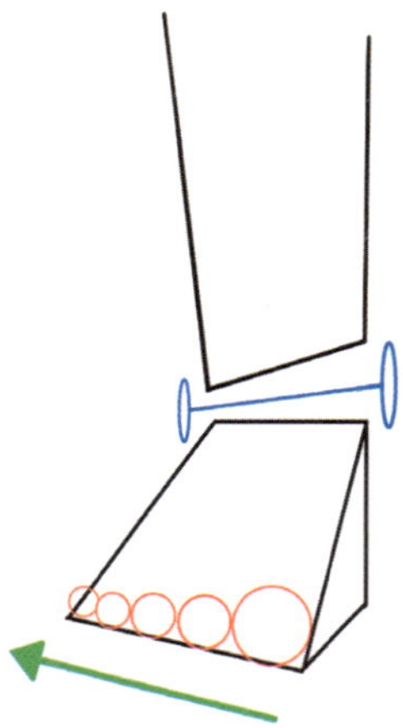

3 **Commence à placer des cercles** aux emplacements des futurs orteils. Corrige la ligne du biais, qui est de biais, pour respecter l'allure naturel du pied.

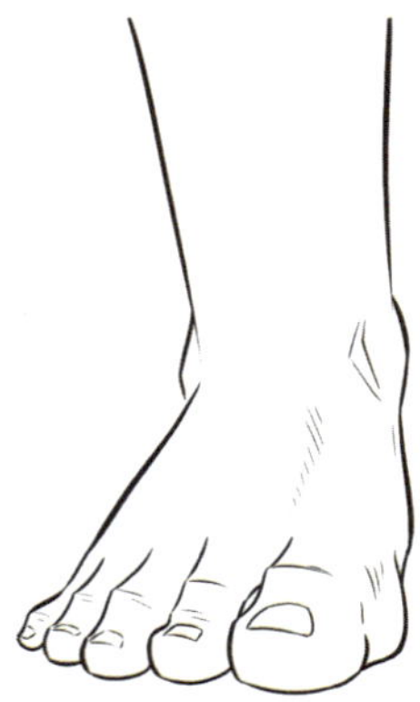

4 **Dessine les rythmes courbés et contre-courbés** des orteils finaux ; les longueurs de lignes rythmées sont un peu plus courtes que pour les doigts de la main et sont accentuées par la perspective du pied de face.

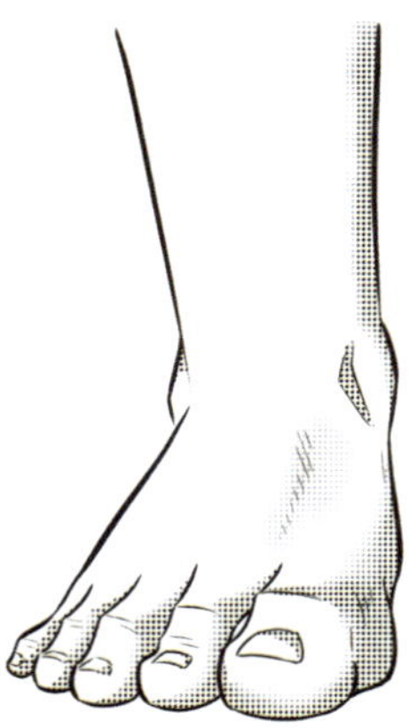

5 **Finalise le pied en ajoutant de petites ombres**.

CONCLUSION

Les pieds de ton personnages seront souvent représentés en chaussure mais je t'invite à ne pas négliger cette partie de ton apprentissage pour autant. Les rythmes et notions développés dans ce chapitre t'aideront à appuyer ton confort dans la réalisation des chaussures.

Et après, crois-moi tu vas prendre ton pied!

On s'entraîne!!!

EXERCICE 1

DESSINE LE SCHÉMA REPRÉSENTANT LA MAIN DE FACE ET DOS DE «LA THÉORIE DES MAINS».

EXERCICE 2

REPRENDS LES DESSINS DE MAIN DE LA TECHNIQUE DU FIL DE FER PUIS CEUX DE LA TECHNIQUE DU VOLUME GÉOMÉTRIQUE.

EXERCICE 3

DESSINE LE PIED DE TROIS-QUARTS EN REPRENANT CHACUNE DES ÉTAPES PRÉSENTÉES.

がんばって

*Ganbatte : Fais de ton mieux!

LE DÉFI!

DESSINE 10 POSES DIFFÉRENTES DE TA PROPRE MAIN. UTILISE UN CRAYON POUR 5 D'ENTRE ELLES, ET UN STYLO BILLE POUR LES 5 RESTANTES.

POUR RÉUSSIR L'EXERCICE DÉFI

La technique magique? Une observation et un trait! Ne t'embrouille pas la tête et le trait avec des détails: ne perds pas de vue ta main et concentre-toi sur des volumes géométriques fonctionnels.

Dessine ce que tu vois, et non ce que tu penses voir...

POUR ALLER PLUS LOIN ET T'INSPIRER

VOICI DIFFÉRENTES POSES DE MAINS ET DE PIEDS EN COULEUR, EN TRAME ET EN VOLUME GÉOMÉTRIQUE AFIN DE VARIER LES MÉTHODES QUE TU POURRAIS EMPLOYER.

N'HÉSITE PAS À EN RECOPIER LE PLUS POSSIBLE POUR CONSOLIDER TA MÉMORISATION DU GESTE ET DES RYTHMES DE LA LIGNE. COMME POUR LE RESTE, LA RÉPÉTITION EST LA CLÉ DE LA RÉUSSITE !

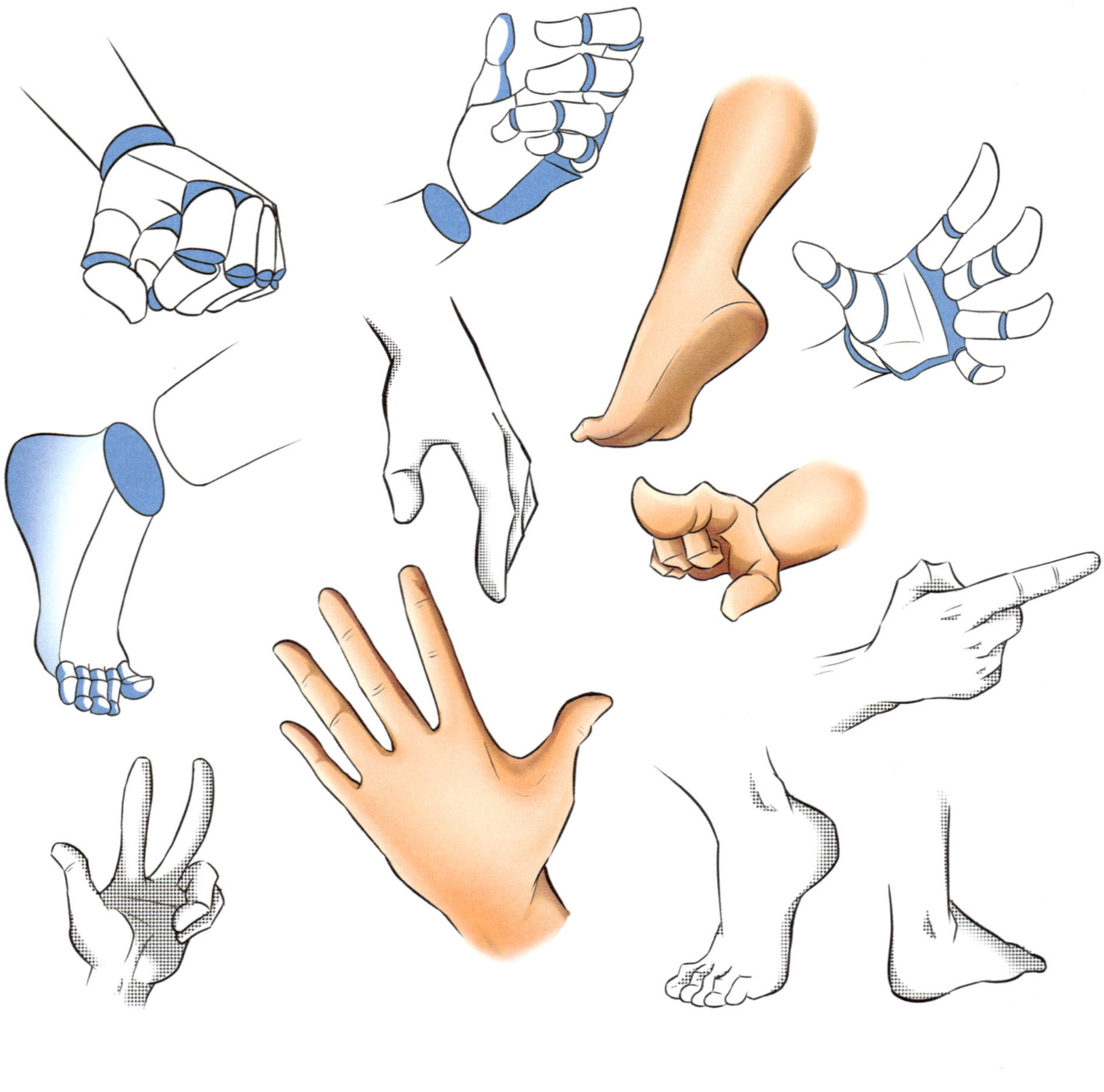

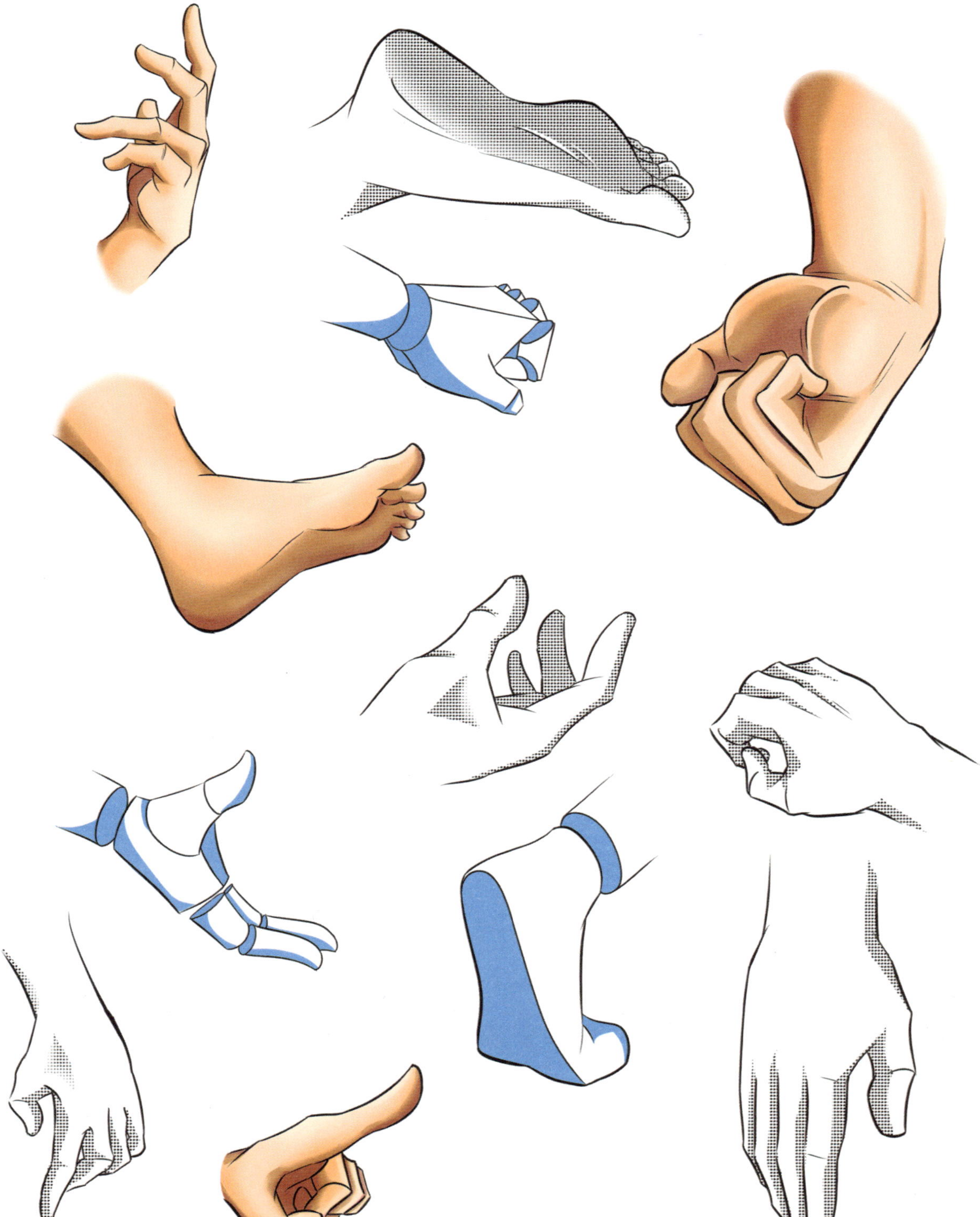

CHAPITRE 8

LES YEUX, LE NEZ, LA BOUCHE

LES ÉMOTIONS À VUE DE NEZ

LES YEUX, LE NEZ ET LA BOUCHE SONT PARMI LES ÉLÉMENTS **LES PLUS SIGNIFICATIFS ET CHARMANTS DU MANGA.** CE SONT PEUT-ÊTRE MÊME EUX QUI T'AMÈNENT À TENIR CE CRAYON, POUR DONNER À TON TOUR, GRÂCE À LEUR **EXPRESSIVITÉ, UNE IDENTITÉ ET UNE FORCE ÉMOTIONNELLE À TON PERSONNAGE.**

ILS PORTENT AUSSI, DÈS LE PREMIER COUP D'ŒIL, **LE STYLE DE L'AUTEUR**, DONC TON STYLE GRAPHIQUE PROPRE ET **L'EMPREINTE QUE TU LAISSERAS DANS LA MÉMOIRE DE TON LECTEUR.**

POUR COMMENCER À **ESQUISSER CE STYLE PERSONNEL**, TA MANIÈRE UNIQUE (OU NON) DE LES DESSINER, TU DOIS DÉCOUVRIR **L'INFINITÉ DE POSSIBILITÉS GRAPHIQUES ET NARRATIVES** QU'ILS OFFRENT.

METTONS LE NEZ LÀ-DEDANS !

LES TECHNIQUES ANCESTRALES DU MANGA APPARAISSENT ENFIN...
LE NEZ ....
LES YEUX !!
LA BOUCHE !
JE COMMENCE À ME POSER DES QUESTIONS SUR L'IMAGINATION DE CET AUTEUR...

Les yeux, le nez et la bouche réalistes

Les yeux, le nez et la bouche, bien qu'extrêmement codifiés, prennent aussi racine dans la réalité. On pourrait même dire qu'ils permettent de résumer le visage par des lignes simples.

LES YEUX RÉALISTES

Le dessin de l'œil se construit à partir de rythmes, c'est-à-dire les différentes directions très subtiles de la ligne des yeux.

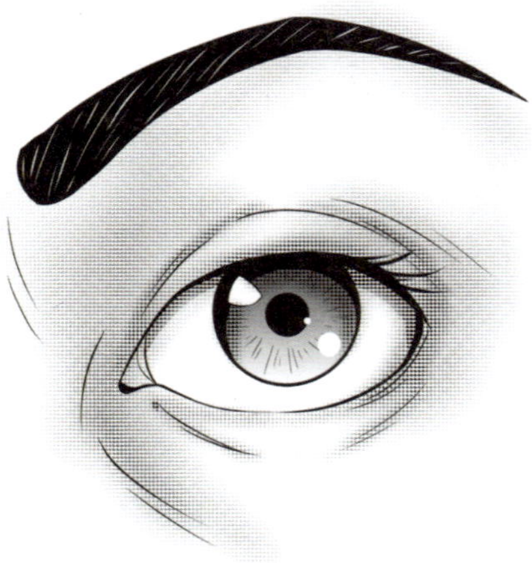

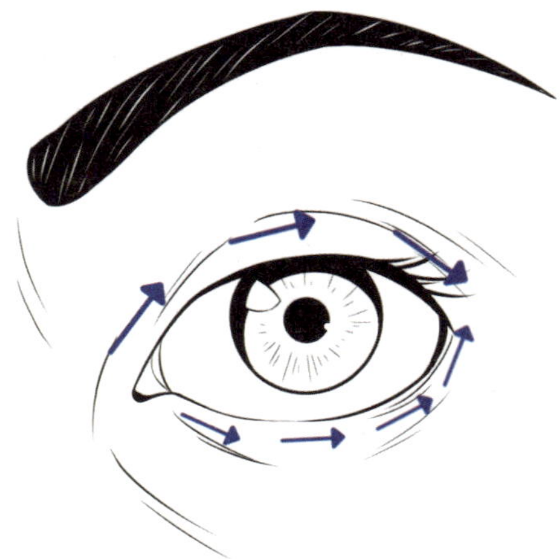

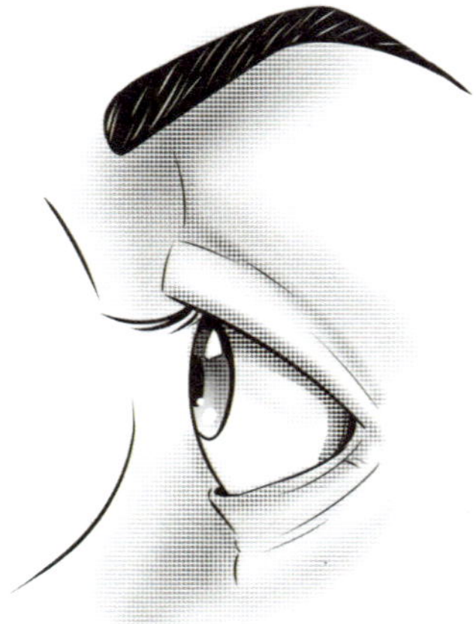

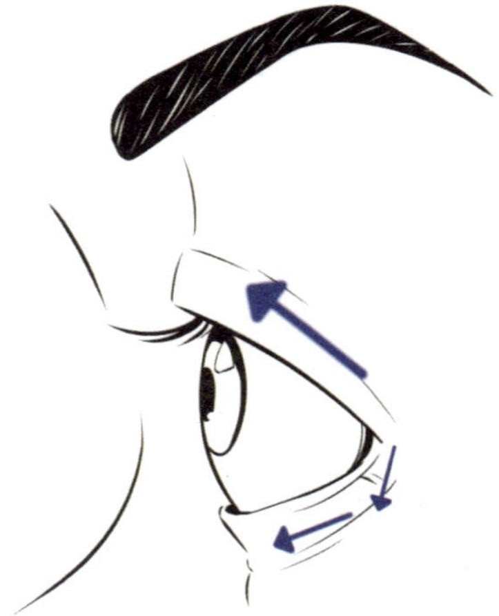

LE NEZ RÉALISTE

Le nez prend en compte **l'espace volumétrique,** c'est à dire la place qui sera occupée en **longueur, en largeur et en profondeur.**

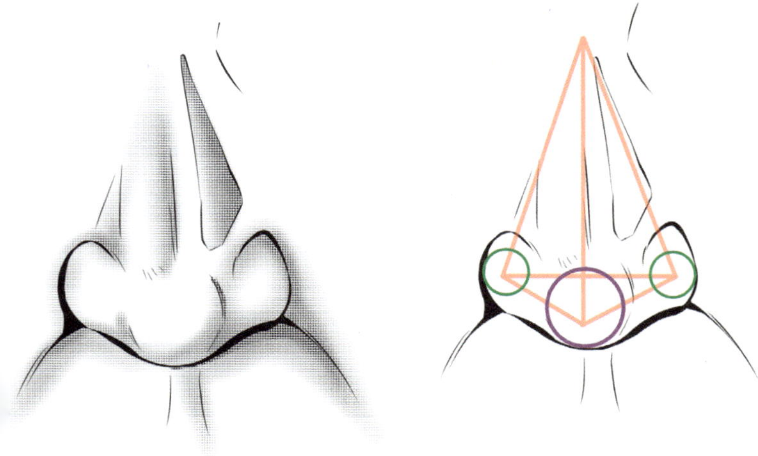

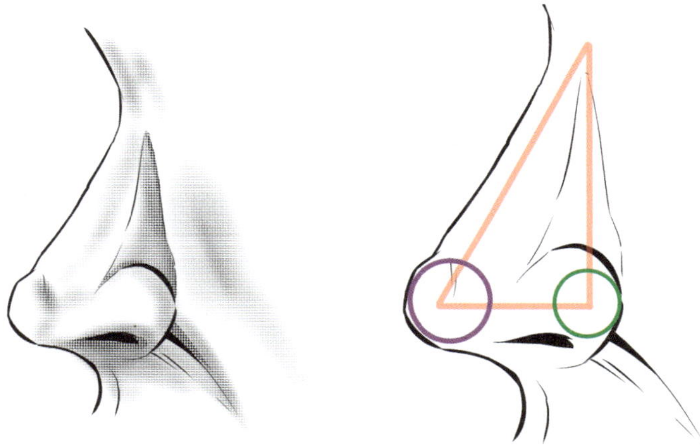

LA BOUCHE RÉALISTE

La bouche prend en compte **l'espace de la surface,** c'est-à-dire la place occupée **en longueur et en largeur, avec en plus une légère impression de volume.**

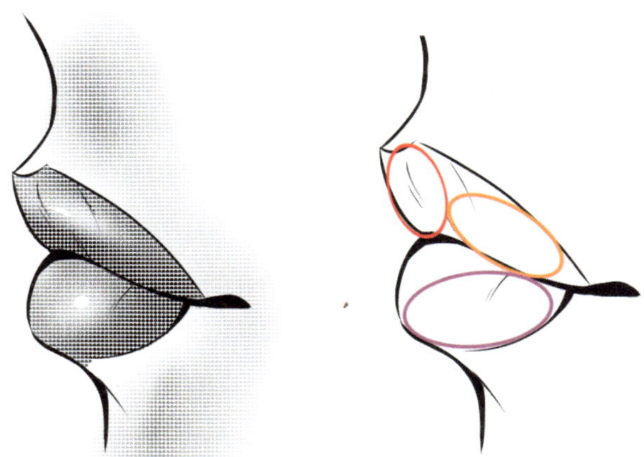

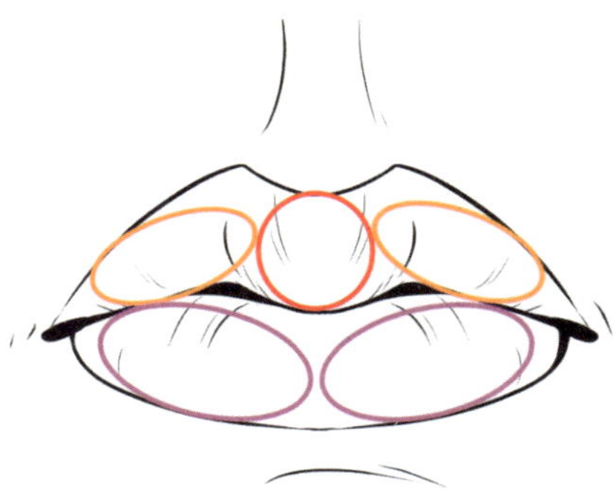

CHAPITRE 8

LES YEUX, LE NEZ ET LA BOUCHE MANGAS

Le manga étant un art qui va à l'essentiel, **le tracé du dessin du visage vise donc à résumer les différentes informations** des éléments qui le composent, comme sur les dessins ci-dessous (lignes rouges). **Les détails de volume et de contour vont alors légèrement disparaître...**

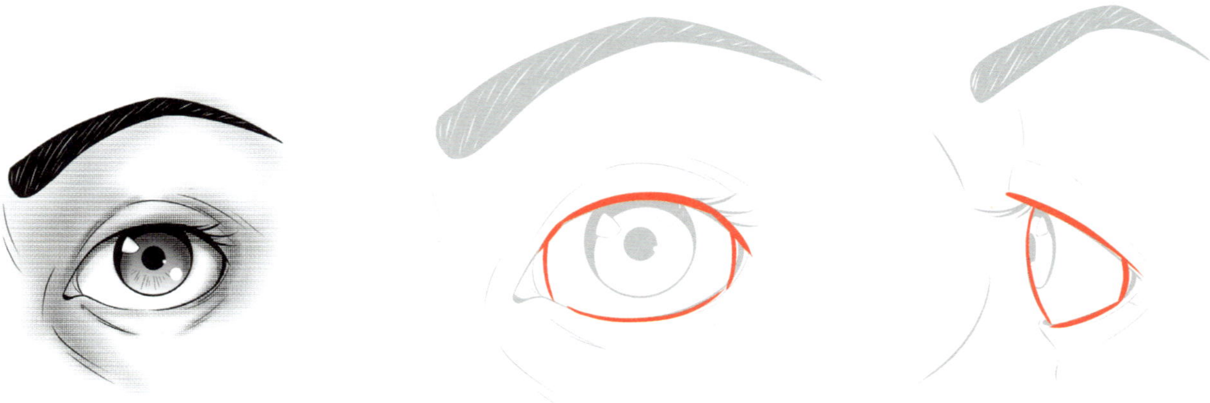

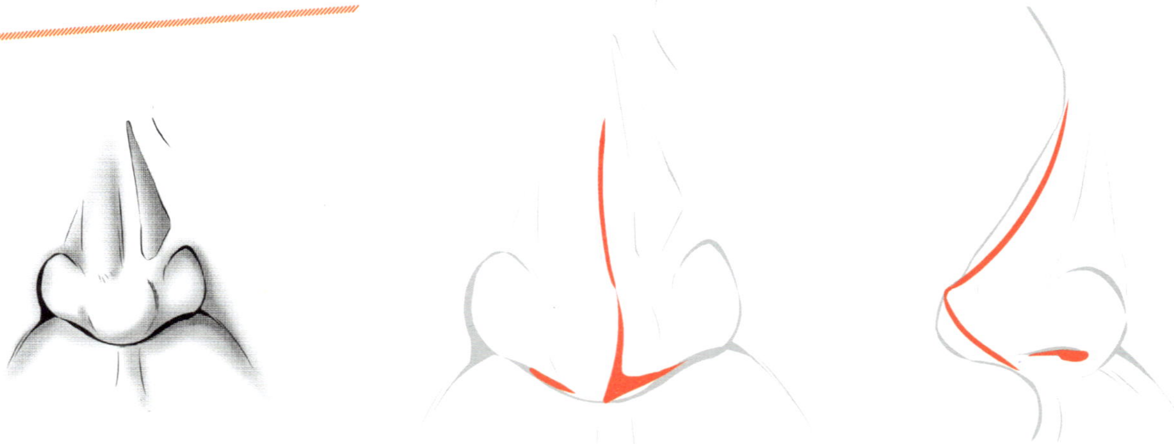

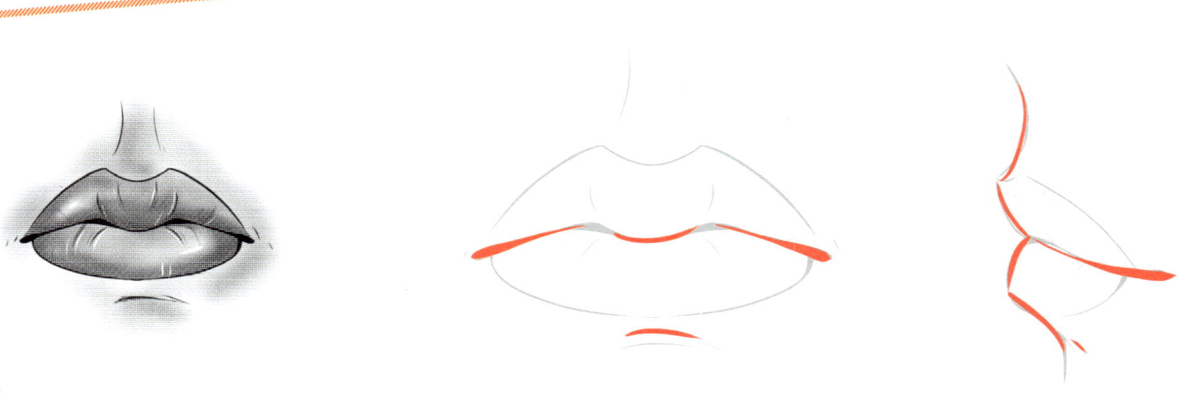

Les yeux mangas

Pour dessiner les yeux mangas, le secret réside dans **l'ordre logique du dessin**. Le déroulé étape par étape est simple et ne change normalement jamais : on commence par définir l'aspect général pour atteindre les plus fins détails.

FACE PROFIL

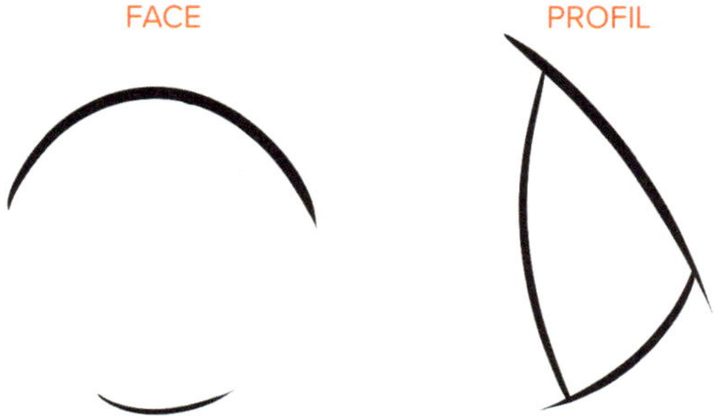

1 **LE CONTOUR DES YEUX.** Trace **deux courbes** formant une sorte de **parenthèse** : ce seront les paupières supérieures et inférieures.

FACE PROFIL

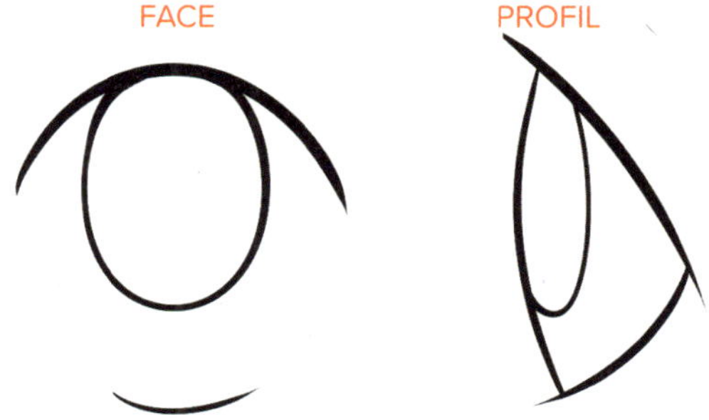

2 **LA FORME DE L'IRIS.** Au centre, dessine **un ovale juxtaposé** à la courbe supérieure.

3 **LA PUPILLE.** Dessine **un autre ovale** au centre du premier.

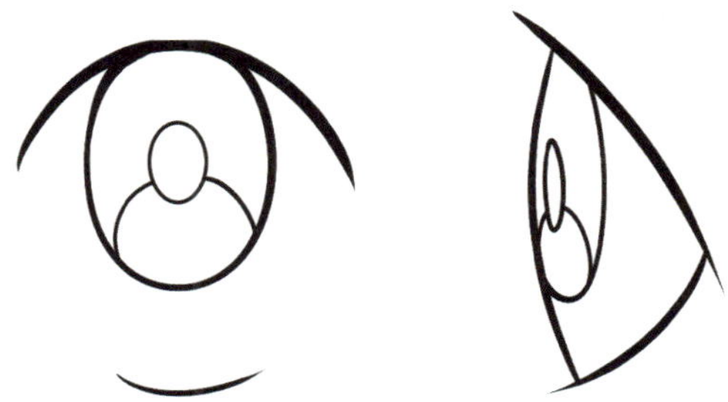

4 **LA PARTIE LUMINEUSE DE L'IRIS.** Trace **un arc de cercle** qui touche deux extrémités de l'iris extérieur et qui passe derrière la pupille.

5 **LES REFLETS.** Tu peux maintenant dessiner deux petits cercles qui seront **les reflets lumineux** des yeux mangas, l'« étincelle de vie » du regard.

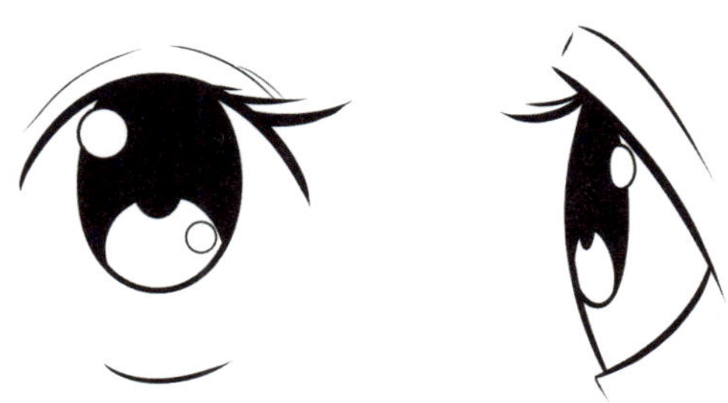

6 **LES CILS ET L'ENCRAGE. Remplis les zones ciblées en noir.** Tu peux aussi dessiner des cils sur le côté extérieur de la paupière supérieure et ajouter **une courbe pour lui donner du volume.** Œil manga terminé !

LES STYLES GRAPHIQUES

Si les étapes pour dessiner les yeux manga sont toujours les mêmes, **c'est la variation de chacun des éléments** qui leur donnera une identité propre et unique. Voici un échantillon de différents choix de style graphique que tu pourrais sélectionner.

Les rythmes et l'épaisseur des cils

Comment vas-tu dessiner le contour ? La forme de l'œil sera-t-elle composée de 3, 4 ou 5 rythmes de lignes différentes ? Les cils supérieurs seront-ils plus épais sur la gauche, sur la droite ou au centre ?

EXEMPLE N° 1
Deux rythmes :
un rythme **long** et **souple**
et un **petit** rythme **épais**.

EXEMPLE N° 2
Quatre rythmes :
un **court**, un **long**,
un **moyen** et un **court**
épais sur l'extérieur.

EXEMPLE N° 3
Trois rythmes arrondis
laissant dépasser des cils.

EXEMPLE N° 4
Sept rythmes continus
et rigides englobant
la paupière supérieure
et inférieure.

La forme de l'iris

L'iris de ton personnage sera-t-il rond, ovale, carré ? Sera-t-il placé au centre ou sur la partie supérieure du globe oculaire ? Sera-t-il grand, petit, moyen ?

EXEMPLE N° 1
Un ovale petit et
fin au centre
du globe oculaire.

EXEMPLE N° 2
Un cercle de taille
moyenne sur la partie
supérieure.

EXEMPLE N° 3
Un grand ovale
en harmonie avec la
forme des cils supérieurs.

EXEMPLE N° 4
Un ovale saccadé
aux allures de formes
géométriques.

Le graphisme de la pupille

Souhaites-tu remplir l'œil en noir ? Mettre la pupille en avant ?

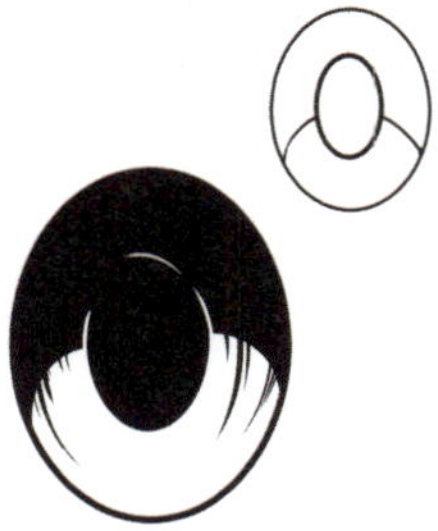

EXEMPLE N° 1
La pupille est légèrement marquée par un liseré blanc. La transition du noir au blanc respecte la forme de l'ovale.

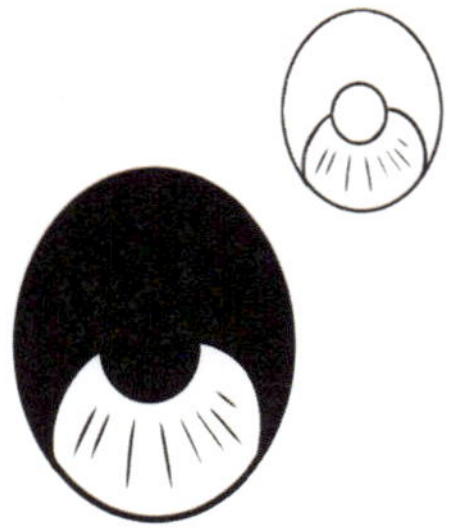

EXEMPLE N° 2
Le remplissage au noir quasiment complet ne laisse apparaître que les reflets de lumière sur l'iris.

MON CONSEIL

Le dessin de l'iris et la pupille n'a pas besoin d'être réaliste!
L'important est que son graphisme serve la personnalité du personnage et les émotions traversant ton histoire.

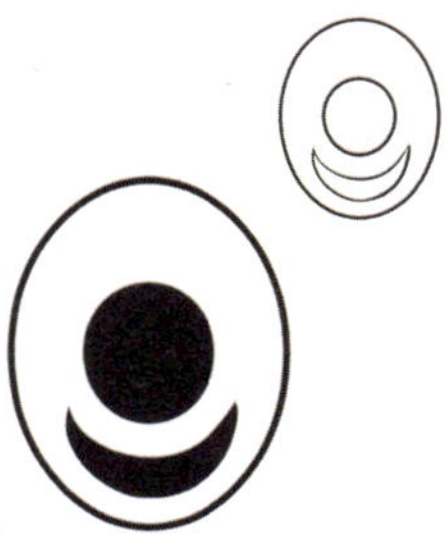

EXEMPLE N° 3
Ce graphisme très original met en avant une forme de croissant de lune et un soleil.

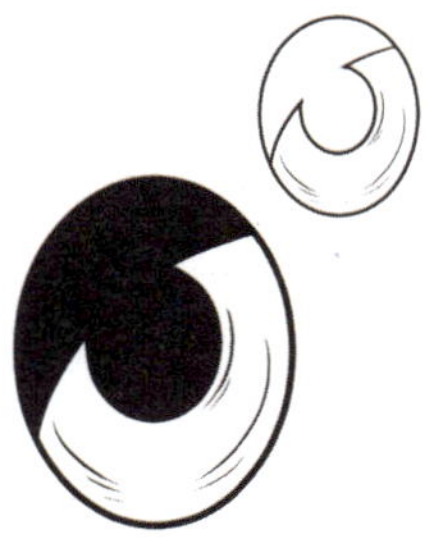

EXEMPLE N° 4
Le remplissage net et décalé laisse apparaître la pupille noire.

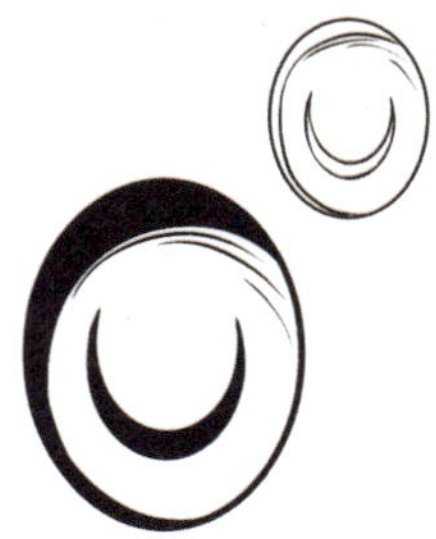

EXEMPLE N° 5
Un croissant de lune évoque une possible pupille en son centre. Le remplissage épouse la forme de l'iris sur le côté et se termine en hachures.

L'ombre de l'iris

Pour l'iris, placeras-tu un dégradé, une trame unie ou des lignes ?

EXEMPLE N° 1
Un demi-dégradé du foncé au clair.

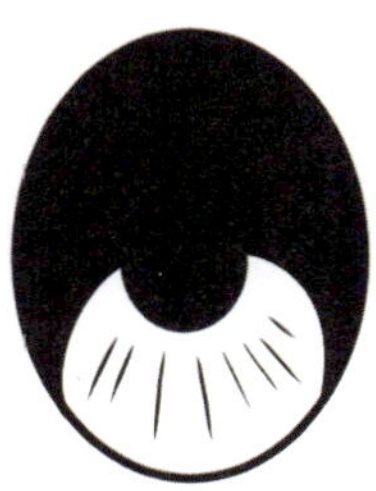

EXEMPLE N° 2
Des traits circulaires rappellent la texture de l'iris réaliste.

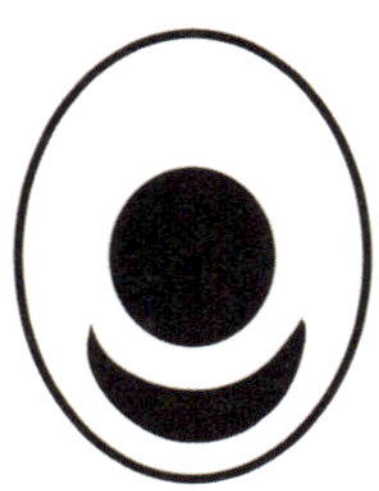

EXEMPLE N° 3
Aucune ombre !

EXEMPLE N° 4
Dégradé régulier du clair au foncé

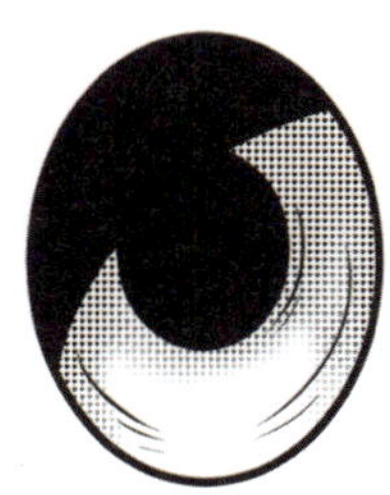

EXEMPLE N° 5
Un aplat à la trame dense avec un effet gommé en bas.

La brillance de l'œil

La brillance de l'œil, la bulle de lumière ou encore l'éclat lumineux... Voici différentes appellations pour te familiariser aux différentes fantaisies graphiques possibles.

Vas-tu changer leur forme ? Leur nombre ? Leur placement ? Les trois en même temps ?

EXEMPLE N° 1
Le classique (mais efficace), **cercle unique** dans le coin.

EXEMPLE N° 2
Deux bulles de lumière : une grande et une petite.

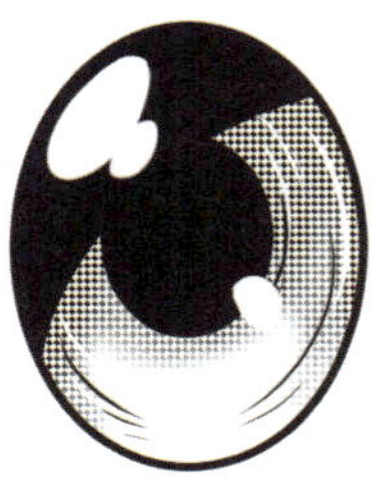

EXEMPLE N° 3
Un double ovale horizontal et **un ovale vertical** pointé vers la pupille.

EXEMPLE N° 4
Un ovale à gauche, **une tranche lumineuse** à droite, **un cercle** au centre...
Si ça, c'est pas « bling bling » !

EXEMPLE N° 5
Un losange dans un coin et **un double triangle** dans le coin opposé.

CONCLUSION

C'était un petit aperçu des infinies possibilités qui t'attendent dans ton aventure dans le monde du manga.

Pour compléter ta connaissance des styles graphiques, reste aux aguets pour observer les différents styles d'yeux que tu pourras apercevoir dans tes mangas préférés.

Tu pourras à coup sûr trouver les styles graphiques les plus proches de ta personnalité, afin de t'en inspirer et de leur rendre hommage dans ton dessin.

Ou peut-être — qui sait? — inventeras-tu un design qui n'a encore jamais été vu auparavant?

Le NEZ MANGA

Est-ce un pic ? Est-ce un cap ? Un roc ou une péninsule ! C'est le moment de nous pencher sur l'importance (ou non) du nez dans le style manga.

Je pense que, tout comme l'oreille vue chapitre 2 (voir page 32), cet élément du visage n'est pas nécessairement décisif dans la personnalisation du personnage. Mais son choix peut parfois amplifier sa palette narrative ou encore servir à appuyer ton identité graphique propre parmi les milliers de mangas existants !

LE GRAPHISME DES LIGNES

Trois paramètres principaux vont définir les « nez mangas ».

- **PARAMÈTRE 1 : la ligne centrale supérieure,** qui indique la tenue descendante de ton nez (plus facilement visible de profil)
- **PARAMÈTRE 2 : la ligne centrale inférieure,** qui indique approximativement le galbe avant du bout du nez.
- **PARAMÈTRE 3 : la narine externe**. Elle permet de respirer, mais aussi d'extirper le « surplus de mucus » de ton personnage... communément appelé « crotte de nez » ! (Voir illustration de chapitre 8).

Ces trois éléments sont personnalisables et s'additionnent généralement. Mais on peut aussi en omettre ou en rajouter.

Voici quelques variations possibles que tu pourrais apercevoir dans tes mangas.

EXEMPLE N° 1
Un point.

EXEMPLE N° 2
Une petite courbe.

EXEMPLE N° 3
Une courbe moyenne et un point pour la narine.

EXEMPLE N° 4
Même technique que la précédente, en ajoutant une ombre pour la narine gauche.

EXEMPLE N° 5
Même technique que la précédente, en ajoutant la ligne centrale supérieure.

EXEMPLE N° 6
La ligne centrale supérieure et la ligne centrale inférieure épaisse et sans narine.

EXEMPLE N° 7
La ligne centrale supérieure et la ligne centrale inférieure fine donnent un caractère plus féminin au nez.

EXEMPLE N° 8
Mêmes techniques que la précédente, avec l'ajout d'une narine.

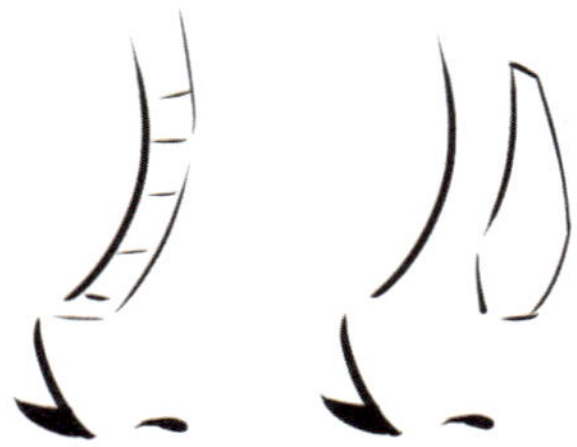

EXEMPLE N° 9
Tu peux aussi faire apparaître le volume frontal ou latéral par des lignes supplémentaires.

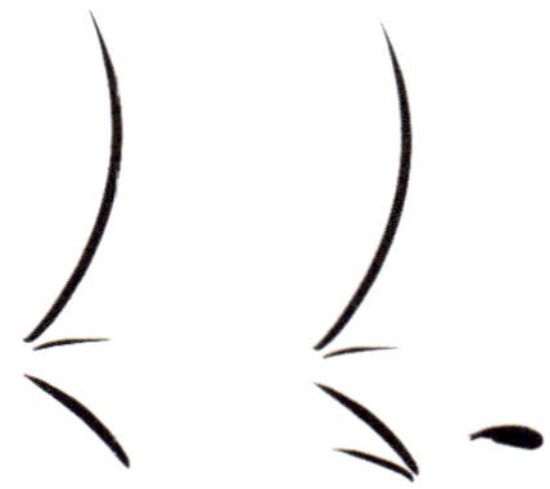

EXEMPLE N° 10
Le nez est ici représenté grâce à des contre-courbes rappelant le style manga des années 1980.

EXEMPLE N° 11
Tu peux mettre en avant les deux narines en retirant les courbes.

EXEMPLE 12
Tu peux uniquement faire apparaître la surface de la base du nez.

CONCLUSION

Les nez représentés ci-dessus vont principalement être utilisés pour des personnages principaux, jeunes ou plus conventionnels. *Un autre graphisme plus réaliste ou même complètement original peut être utilisé pour les personnages «méchants» ou plus caractérisés.*

Après avoir mis le nez dans cette partie, tu devrais avoir une meilleure connaissance des possibilités graphiques. Ton regard attentif et ton flair pourront les compléter en plongeant l'œil dans les mangas présents chez toi!

CHAPITRE 8

LA BOUCHE MANGA

La bouche présente certes moins de possibilités graphiques que les yeux ou le nez, mais son importance au service du narratif est bien plus grande que celle du nez. **Pour cela, il faut prendre en compte sa largeur, sa ligne et son placement sur le visage.**

PLACEMENT ET LARGEUR

Comme vu au chapitre 2, le style et le placement des bouches ont varié selon les époques et les modes. De la même façon, tu peux affirmer un peu plus ton propre style en **décidant de placer la bouche plus proche du nez ou plus proche du menton de ton personnage.**

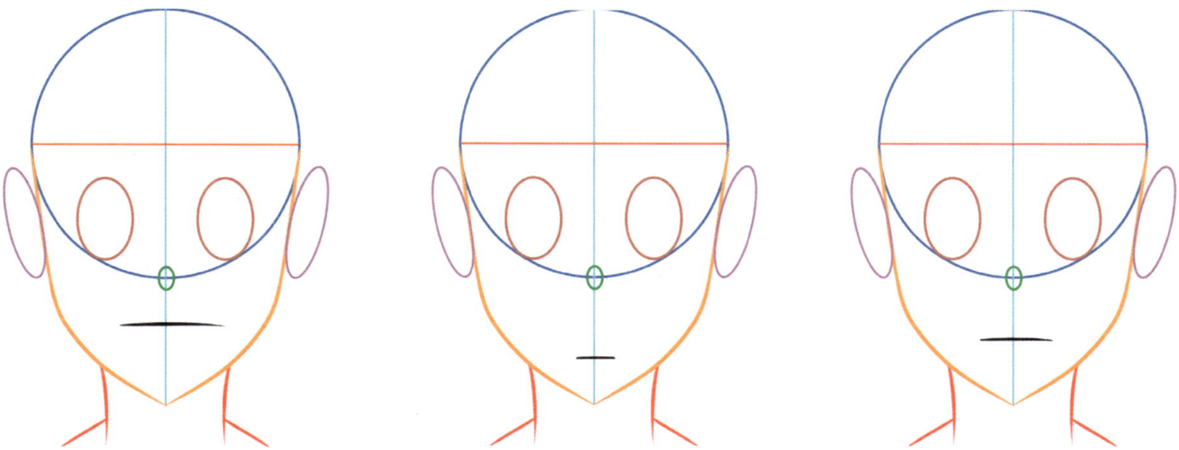

Attention quand même à ne pas trop désaxer le placement de la bouche: *cela casserait l'équilibre subtil du visage manga.*

LES VARIATIONS GRAPHIQUES

Voici quelques exemples parmi les différentes possibilités qui s'offrent à toi pour dessiner la bouche. Tu pourras par exemple jouer sur l'épaisseur de la ligne, marquer plus ou moins la lèvre supérieure ou inférieure, ou encore tracer des courbes discontinues.

EXEMPLE N° 1
Une bouche marquée par une courbe simple, mais efficace.

EXEMPLE N° 2
La courbe est marquée par une épaisseur de ligne arrondie sur un côté pour indiquer la commissure des lèvres.

EXEMPLE N° 3
La courbe marquée se termine aux extrémités par une épaisseur plus importante de ligne qui indique les commissures des lèvres.

EXEMPLE N° 4
Tu peux aussi interrompre la ligne au milieu et marquer l'épaisseur des commissures de façon pointue et verticale aux extrémités : cela donne un air rieur.

EXEMPLE N° 5
Même technique à l'exception d'une courbe discontinue qui laisse imaginer le volume des lèvres et une contre-courbe pour marquer la lèvre inférieure.

EXEMPLE N° 6
Tu peux aussi marquer la lèvre supérieure de façon discontinue.

La bouche est l'élément le plus mobile du visage, selon l'activité exercée : parler, crier, sourire… Tu devras donc systématiquement adapter la « bouche en action » tout en respectant la version « bouche fermée » que tu auras choisie au début ! Mais ne vois pas ça comme des chaînes : n'hésite pas à casser les codes que tu auras définis pour servir au mieux l'émotion que ressent et exprime ton personnage.

EXEMPLE N° 7
Tu peux encore dessiner la lèvre supérieure de façon discontinue et courbée, et ajouter une bulle de lumière indiquant des lèvres pulpeuses…

CONCLUSION

Les yeux, le nez et la bouche sont des éléments parmi les plus caractéristiques du style manga. On entend d'ailleurs souvent parler des « grands yeux » mangas ou du nez (« Ça, c'est un nez ? »)

J'espère que ce chapitre t'aura donné suffisamment de clés de compréhension et de pistes pour approfondir (sans fin!) ton étude de ces éléments dans la documentation présente autour de toi : tes mangas!

*Et n'oublie pas : **ce n'est pas une obligation d'être unique tout le temps** dans sa façon de dessiner. Nous dessinons tous pour rendre hommage à nos héros préférés, alors n'hésite pas à leur rendre la pareille de façon subtile ou détournée…*

ON S'ENTRAÎNE !!!

EXERCICE 1

DESSINE DES YEUX, UN NEZ ET 1 BOUCHE DE FAÇON RÉALISTE EN RÉALISANT DES OMBRES EN HACHURES.

EXERCICE 2

DESSINE 1 ŒIL MANGA EN SUIVANT LE «PAS À PAS» PRÉSENTÉ DANS CE CHAPITRE.

EXERCICE 3

DESSINE 1 ŒIL, 1 NEZ ET 1 BOUCHE DE TON CHOIX.

がんばって

*Ganbatte : Fais de ton mieux!

LE DÉFI!

DESSINE 3 VISAGES ENTIERS DE PERSONNAGES ORIGINAUX ISSUS DE TON IMAGINATION. (ON Y EST PRESQUE ! JE SAIS... TES PERSONNAGES SONT ENCORE CHAUVES: LA SUITE AU PROCHAIN ÉPISODE!)

POUR RÉUSSIR L'EXERCICE DÉFI

Ouvre grand les yeux, inspire un bon coup par le nez (expire aussi stp!), monte ton sourire jusqu'aux oreilles... et fonce! ***C'est le moment de te faire plaisir!***

POUR ALLER PLUS LOIN ET T'INSPIRER

VOICI UNE DOUBLE PAGE DE DIFFÉRENTS STYLES DE COOKIES, CUPCAKES ET CHOCOLATS (= YEUX, NEZ, BOUCHE!). OBSERVE-LES ET ENTRAÎNE-TOI À LES RECOPIER.

L'ATTENTION QUE TU PORTERAS AUX VARIATIONS DES LIGNES, DES PLACEMENTS, DES RYTHMES T'AIDERONT DANS TES FUTURS DESSINS, TOUT EN AIGUISANT TON REGARD LORS DE TES PROCHAINES LECTURES!

CHAPITRE 9

LES CHEVEUX

LE POIL DE LA PERSONNALITÉ

LES CHEVEUX SONT SÛREMENT L'ASPECT LE PLUS LOUFOQUE, DÉROUTANT ET IMAGINATIF DU STYLE MANGA.

QU'ILS SOIENT ROSES, BLEUS, VERTS, EN PICS, EN COUETTES OU ONDULÉS, ILS OFFRENT UNE **LIBERTÉ INFINIE AU DESSINATEUR.**

LES CONVENTIONS HABITUELLES DE LA SOCIÉTÉ N'ONT PLUS LIEU D'ÊTRE : **C'EST TOI LE MAÎTRE DES CISEAUX, ALORS LÂCHE-TOI !**

TCHIIIK TCHIIIK !

COURT
HEIN ?
JE NE DOUTE PAS DE VOTRE PROFESSIONNALISME ...
EUH ...
MONSIEUR LE COIFFEUR?
JE...
PAS TROP COURT HEIN?
JE NE COMPRENDS PAS TRÈS BIEN VOTRE CHOIX D'OUTILS ...?

CHAPITRE 9

LA THÉORIE DU CHEVEU

Outre les yeux, du nez et de la bouche, la chevelure est cruciale pour exprimer **la personnalité et l'identité de ton personnage**. Mais avant de se lâcher totalement justement, posons déjà les bases indispensables à connaître sur le sujet. Certaines te paraîtront peut-être évidentes, mais les maîtriser est la clé de la réussite.

PREMIER PRINCIPE : LE SENS DE POUSSE

C'est une loi naturelle : le cheveu prend racine sur la tête dans un sens de circulation bien défini, soit à gauche, soit à droite, cela dépend de chacun. Il épouse alors la forme du crâne et « tourne » autour de celui-ci !

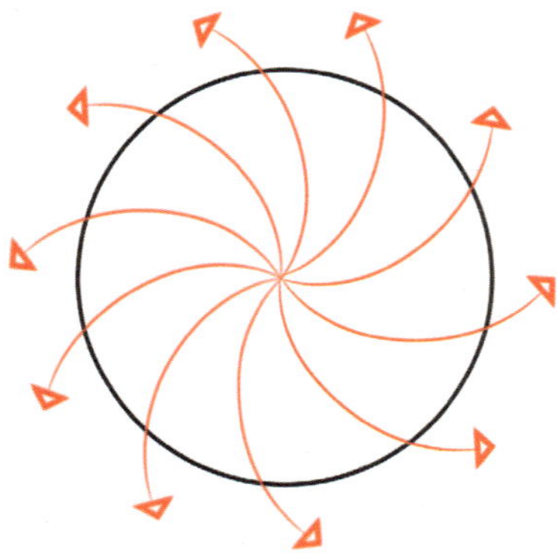

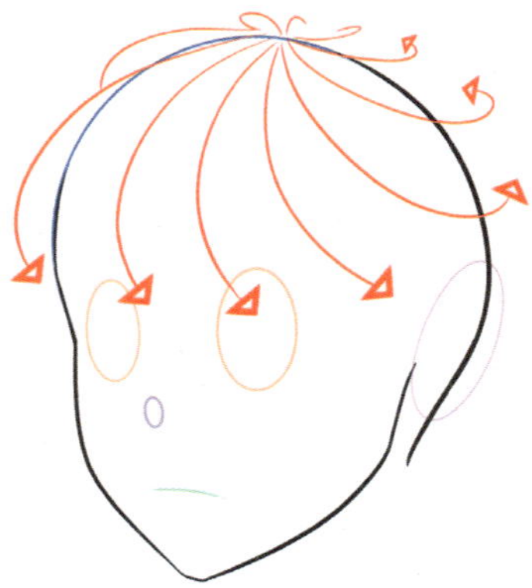

Le cheveu a des similitudes avec les plantes : il pousse verticalement et, comme la feuille, plie sous son propre poids quand il est trop long…

Si tu prends bien en compte ces deux paramètres, **le sens du cheveu** (en rouge), et **le poids du cheveu** en le traduisant par une courbe, tu obtiens les prémices d'une coupe de cheveux bien manga !

DEUXIÈME PRINCIPE : LA NATURE DU CHEVEU

Lorsqu'on dessine les cheveux d'un personnage, on a tendance à être obnubilé par la couleur et la forme. Or il est essentiel de bien définir la **nature du cheveu :** l'avoir bien en tête donnera à ton dessin une ligne de conduite cohérente à chaque nouvelle mèche créée. Voici quelques exemples de différentes natures de cheveu.

Souple et fin.

Souple et épais.

Rigide et fin.

Rigide et épais.

Bouclé et fin.

Bouclé et épais.

Crépu ou frisé.

DU CHEVEU AUX MÈCHES

A priori, il n'y aura pas qu'une unique mèche de cheveu sur la tête de ton personnage : tu seras donc amené(e) à combiner différentes mèches entres elles. Pour cela, tu disposes d'un large panel de possibilités pour les juxtaposer efficacement. Par exemple :

Combiner différentes natures de cheveu.

Combiner différentes mèches en une mèche plus importante.

Juxtaposer les mèches...

Ou au contraire éclater leur disposition.

Accumuler plusieurs mèches en une couche superposée.

LA STRATÉGIE DU CHEVEU

Que la coupe de cheveux de ton personnage soit plus ou moins sophistiquée (donc compliquée), il te sera plus facile de la réaliser en observant une hiérarchisation juste de sa masse capillaire. Sa méthode de construction suit la même logique que celle du visage et du corps : commencer par des formes générales pour aller jusqu'aux détails les plus fins.

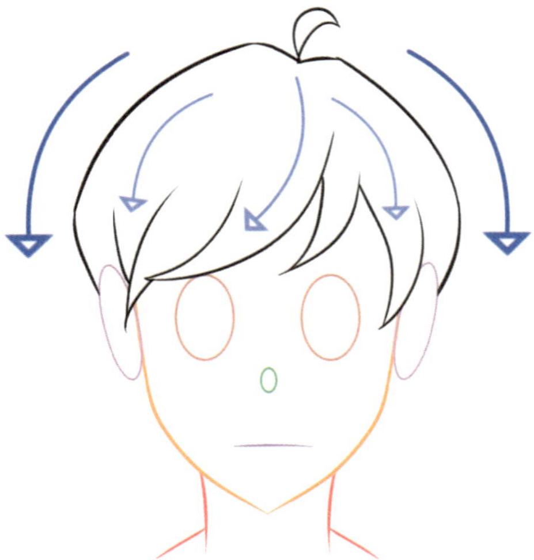

Définis clairement la direction des mèches.

Établis les masses principales de la coupe.

Du bon sens de la mèche !

Nous avons en moyenne 100 000 à 150 000 cheveux sur notre crâne : vouloir les représenter un par un « friserait » l'hérésie ! En manga, il est d'usage de les dessiner en masses. On vient alors chercher la direction principale d'un ensemble de mèches de pour obtenir le mouvement capillaire souhaité.

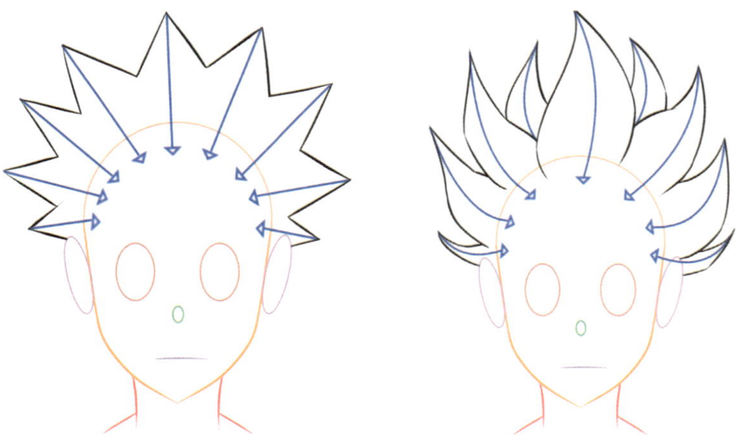

Tu reconnais sûrement ces cheveux hirsutes typiquement mangas…

Quelle que soit l'efficacité des gels coiffants, ces coupes ont elles aussi leur logique : pense toujours à orienter tes mèches et masses de cheveux vers le crâne.

La symétrie pouvant être monotone à regarder. Assures-toi que les masses de mèche ne soit ni de même longueur et largeur pour soigner l'irrégularité visuelle de ta coupe !

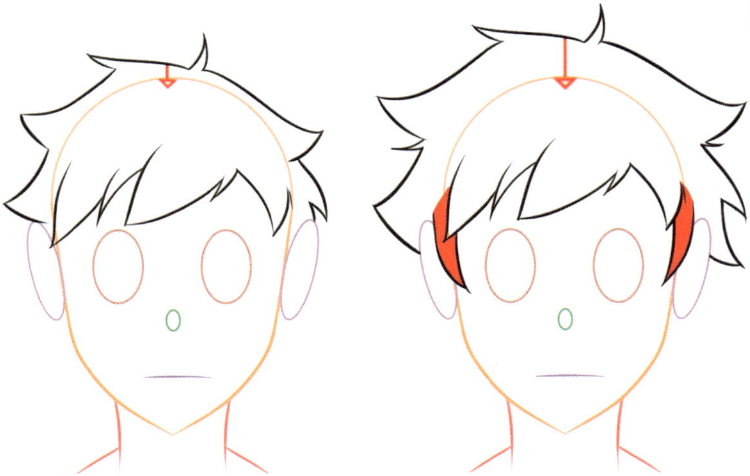

ATTENTION À CES DEUX PIÈGES FRÉQUENTS !

Le premier est de poser une très bonne construction de visage **sans laisser suffisamment d'espace entre le sommet du crâne et les cheveux.** Pense donc à bien « aérer » l'espace entre ces deux parties pour donner **une allure naturellement volumineuse** aux cheveux… « parce que ça le vaut bien » !

Le deuxième est de d'oublier de dessiner les **« pattes »** en rouge), c'est-à-dire les côtés de la coupe de cheveux, près des oreilles.

Le mouvement de la chevelure selon la longueur du cheveu

Du premier brin de cheveu à l'alopécie des vieux jours, nos cheveux évoluent, poussent, raccourcissent au fil des années ou au gré de nos séances chez le coiffeur.

Les trois exemples suivants montrent l'évolution du mouvement d'une chevelure selon la longueur des cheveux. Prends le temps de les analyser pour te les approprier.

Chevelure d'un personnage masculin (ou d'une coupe courte). Courtes, les mèches sont légèrement plus ondulées.

Mi-longues, elles fusionnent en masses de mèches plus larges.

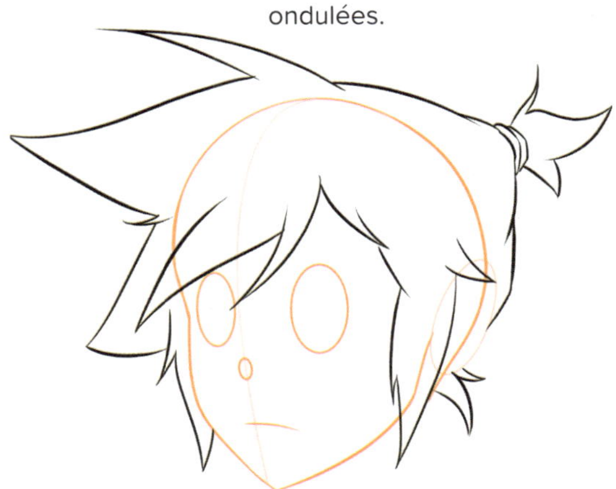

Longs, les cheveux alourdis par leur propre poids se raidissent et forment des masses plus grandes.

Chevelure d'un personnage féminin (ou d'une coupe mi-longue à longue)

En toute logique, la chevelure féminine va avoir les mêmes évolutions que précédemment, à ceci près que lorsque les cheveux deviennent très longs, **une contre-courbe** apparaît **à hauteur de la nuque.** Cette contre-courbe résulte de l'espace qui se creuse entre la tête, la nuque et les omoplates : sois attentif et n'oublie pas de la représenter pour obtenir un résultat naturel et convaincant.

CHEVEUX BOUCLÉS

Court

Mi-long

Long

CHEVEUX SOUPLES LÉGÈREMENT ONDULÉS

Court

Mi-long

Long

CHEVEUX RAIDES

Court Mi-long Long

LA BRILLANCE DES CHEVEUX SOYEUX

La brillance des cheveux vient du reflet de la lumière sur eux. Tout comme l'œil du chapitre précédent, elle ajoute un grain de vie aux cheveux.

La brillance des cheveux possède elle aussi une codification propre au genre manga... et aux modes : le traitement de ces motifs évolue en effet au fil des années et des styles manga sans qu'on puisse réellement définir un « dictionnaire » visuel sur le sujet.

J'ai rassemblé ici quatre des motifs les plus récurrents pour faire briller les cheveux de ton personnage avec une efficacité digne d'une égérie pour publicité de shampoing !

Au trait. Au carré. À la tranche. En éclair.

À toi de choisir, celui qui servira le mieux tes personnages ! Sauf si la lumière de ta scène est très précise, ces brillances n'auront quasi aucun intérêt narratif (et sont d'ailleurs inexistantes dans certains styles mangas), à l'exception d'un effet graphique qui tape à l'œil, et ça... on aime bien ! Cela peut toutefois accentuer la féminité d'un personnage, mettre en valeur la luminescence d'un héros ou peut-être plus encore.

ALLEZ, MISE EN VOLUME!

Au trait.

Au carré.

À la tranche.

En éclair.

CONCLUSION

Les chevelures mangas sont des masses simplifiées qui, si elles sont bien définies, permettent d'identifier un personnage par sa simple silhouette. Prends donc le temps d'y réfléchir!

Maintenant que tu as toutes les cartes en main, ouvre l'œil sur la nature et l'organisation de la masse capillaire de ton entourage pour nourrir ton analyse et t'entraîner à les dessiner ou inventer les coupes de cheveux mangas les plus élaborées! L'identité et le charisme de ton personnage en dépendent!

On s'entraîne !!!

EXERCICE 1
REPRODUIS LES 4 DESSINS DE «LA THÉORIE DU CHEVEU».

EXERCICE 2
DESSINE L'ÉVOLUTION CAPILLAIRE DU PERSONNAGE MASCULIN DE CE CHAPITRE.

EXERCICE 3
DESSINE L'ÉVOLUTION CAPILLAIRE D'UN DES PERSONNAGES FÉMININS DE CE CHAPITRE.

がんばって

*Ganbatte : Fais de ton mieux !

LE DÉFI !
DESSINE 2 COUPES DE CHEVEUX MANGAS QUI NE SE TROUVENT PAS DANS CE CHAPITRE ET NI DANS LA DOUBLE PAGE SUIVANTE : INSPIRE-TOI DE TON ENTOURAGE OU IMAGINE-LES.

POUR RÉUSSIR L'EXERCICE DÉFI

Si tu as besoin d'une inspiration visuelle pour démarrer, t'appuyer sur un magazine de coiffure plutôt qu'un manga, pour changer, me semble une bonne piste, «Sher-dread-lock» !

POUR ALLER PLUS LOIN ET T'INSPIRER

VOICI UNE DOUBLE PAGE DE DIFFÉRENTES COIFFURES MISES EN VALEUR PAR UN CHOIX PRÉCIS DE TRAITEMENT GRAPHIQUE.

AMUSE-TOI À LES REPRODUIRE TOUT EN IMAGINANT LES ÉTAPES DE CONSTRUCTION QUI ONT PU PERMETTRE LEUR RÉALISATION.

CHAPITRE

10

LES EXPRESSIONS

PREMIÈRES SENSATIONS DE L'ÂME

C'EST UNE VÉRITÉ UNIVERSELLE: NOUS SOURIONS QUAND NOUS RESSENTONS DE LA JOIE, ET NOUS FRONÇONS LES SOURCILS QUAND NOUS AVONS UN MÉCONTENTEMENT.

AU-DELÀ DE CES MANIFESTATIONS SPONTANÉES ET INSTINCTIVES, LA QUALITÉ DE NOS ÉCHANGES ET RELATIONS AVEC LES AUTRES DÉPENDENT BEAUCOUP DE NOTRE MANIÈRE DE GÉRER ET EXPRIMER NOS ÉMOTIONS.

ET CELA VAUT AUSSI POUR LA QUALITÉ NARRATIVE DES PERSONNAGES MANGAS AU CŒUR DE L'HISTOIRE.

NOUS ALLONS DONC DÉCOUVRIR COMMENT TRANSMETTRE LES ÉMOTIONS PRIMAIRES D'UN PERSONNAGE EN UN MINIMUM DE TRAITS, TOUT EN VISANT UNE COMPRÉHENSION MAXIMUM PAR LE LECTEUR.

YAAAH
HEY !
ho.
hé hé
FAUT QUE J'ARRÊTE DE JOUER AVEC CE MIROIR ...
HEU...
J'ESPÈRE QUE PERSONNE NE M'A FILMÉ ...
CHAP10
HEU...

Les éléments d'expression du visage

Pour communiquer efficacement ce que ressent le personnage, il faut tout d'abord intégrer les bonnes notions !

Voici les éléments du visage qui serviront à exprimer ce ressenti : **c'est la gestion de chacun de ces points qui va influer sur la puissance narrative de tes expressions.**

Si tu maîtrises les différentes possibilités, tu pourras développer un véritable panel d'émotions, de la plus discrète à la plus exagérée. Un accord parfois subtil où la moindre inclinaison, le plus petit placement ou détail supplémentaire changera **l'équilibre expressif de ton personnage.**

ASTUCE !

Tu parviendras d'autant mieux à **dessiner une belle expression si tu l'adoptes toi-même** en dessinant ton personnage : **c'est le pouvoir de l'empathie !**

C'est l'observation des scènes de ton quotidien et l'empathie avec les gens que tu côtoies ou rencontres qui rendront tes personnages riches d'une âme elle-même nourrie par ta propre expérience de vie.

Les expressions réalistes

Les expressions du visage, en dessin manga comme ailleurs, sont le reflet d'expressions du quotidien. Les cinq principales (nous dirons « primaires ») sont **la joie, la colère, l'ennui, la tristesse et l'étonnement.**

Pour aller plus loin et en faire apparaître d'autres, plus complexes, le secret est d'en combiner plusieurs entre elles. Le pentagramme des expressions ci-dessous montre ainsi comment tu peux obtenir une nouvelle expression en mélangeant deux émotions primaires.

Par exemple, si tu mélanges les codes du sourire joyeux et des yeux colériques, tu obtiens **une expression de détermination.**

Tous les codes d'expression peuvent se mélanger ! Prends le temps d'analyser ce pentagramme, et surtout d'observer attentivement la variation des différents éléments (paupières, bouche, etc.) qui permettent d'obtenir une multitude d'expressions.

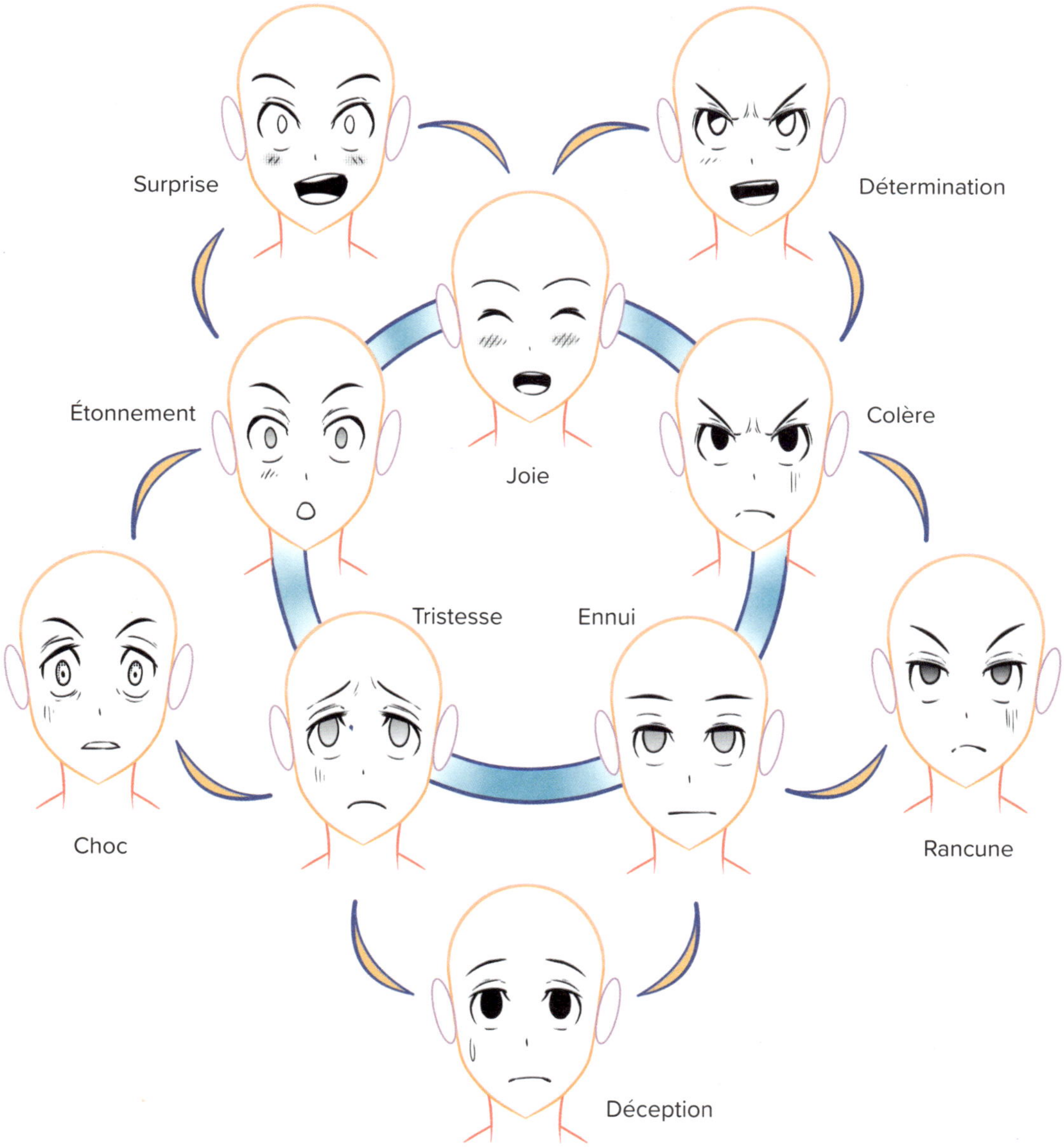

CHAPITRE 10

Les expressions codifiées

Ce sont les expressions « pur manga » ! Ce langage des expressions marque clairement les codes du manga japonais, pour certaines assez éloignés des codes graphiques de la bande dessinée et de l'animation occidentales.

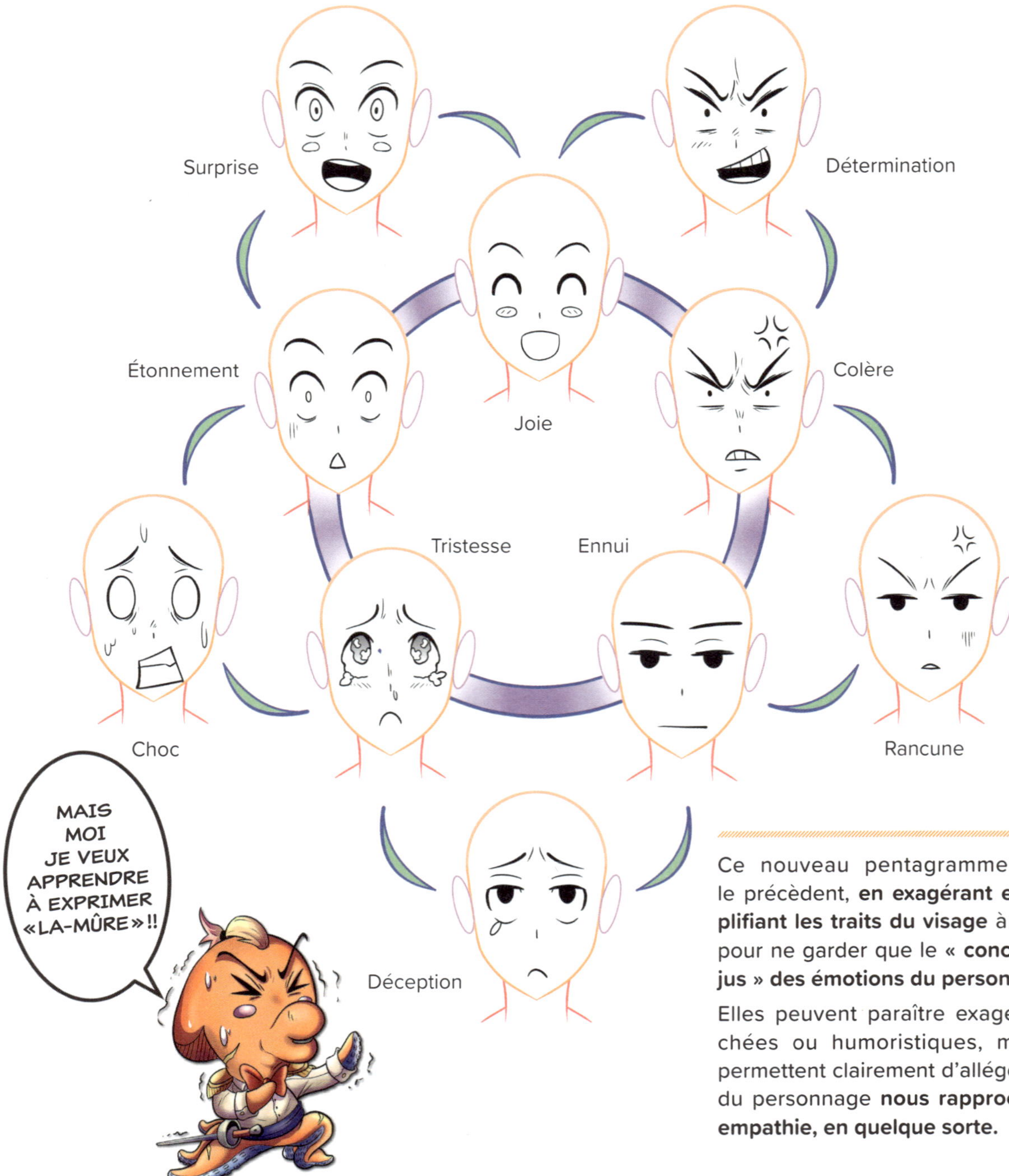

Ce nouveau pentagramme reprend le précédent, **en exagérant et en simplifiant les traits du visage** à l'extrême pour ne garder que le **« concentré pur jus » des émotions du personnage.**

Elles peuvent paraître exagérées, clichées ou humoristiques, mais elles permettent clairement d'alléger le texte du personnage **nous rapprochant par empathie, en quelque sorte.**

Le *chibi* et l'amplification émotive

Un *chibi* est un personnage petit, mignon, enfantin, utilisé dans les mangas pour amener **des moments légers et souvent humoristiques.** La structure du corps est simplifiée au maximum, et la tête est au contraire grossie pour **mettre au premier plan la transmission d'émotions** à travers les expressions du visage.

Le rougissement manga

Les différences de style graphique propres aux visages mangas ne touchent pas uniquement la forme du visage et ses détails. Les rougeurs du visage sont aussi un élément codifié important. **Le rougissement est comme une information sur le pouls du personnage en temps réel.** Quand les battements de son cœur s'accélèrent et que sa circulation sanguine est trop forte, il rougit ! Le rougissement constitue un trait narratif essentiel : impossible de passer à côté pour amener le timide frémissement d'un haut-le-cœur ou bien le sentiment de honte suprême qui produit une sensation d'étau dans la poitrine.

Voici un échantillon **des possibilités graphiques pour le représenter :**

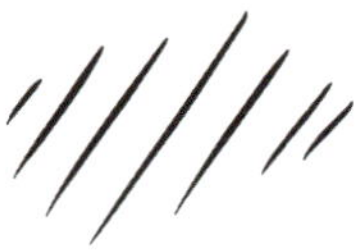

Hachures parallèles croissantes/décroissantes

Hachures en directions alternées

Zigzag décroissant.

Hachures dans un ovale.

Les symboles émotionnels

Il existe tout un panel de symboles émotionnels indépendants qui viennent se superposer au personnage manga pour amplifier l'intensité narrative du propos.

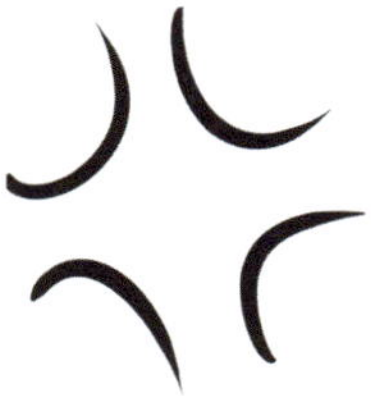

LA COMPRESSION

Ce tracé évoque les plis de la peau lorsqu'on fronce les sourcils de mécontentement. En ajouter permet d'accentuer l'expression de la colère.

LA GOUTTE

Elle correspond à la petite goutte de sueur froide que l'on peut avoir lors de moments de gêne. En dessin, elle suggère un sentiment de honte, de culpabilité ou de tension.

L'ÉCLATEMENT

C'est la bulle qui éclate dans un moment de surprise et dynamise l'expression du personnage. Il n'est pas très utile d'en disposer plusieurs sur le même personnage.

LES TRAITS DÉPRESSIFS

Parallèles et verticaux orientés vers le bas, ils indiquent que le moral du personnage est au plus bas. Ils permettent d'exprimer la déception, l'embarras ou la déconfiture.

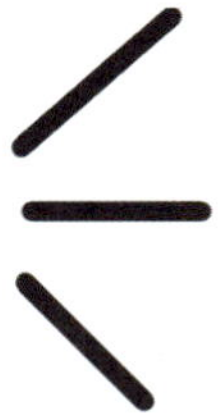

LES TRAITS ATTENTIFS

Ces trois traits orientés vers le personnage (souvent vers les yeux) indiquent que celui-ci est attentif à quelque chose. **Attention : lorsqu'ils ne sont pas orientés vers un personnage, c'est l'attention du lecteur qui est sollicitée.**

BONUS D'EXPRESSIONS *CHIBIS*

Ces expressions mangas populaires et très codifiées ajouteront quelques expressions supplémentaires dans ta besace. Le style kawaii *chibi* est très approprié pour **exagérer et accentuer le côté comique de ces expressions** qui mélangent **des symboles narratifs** (sous forme de cœurs, d'éclats…) et **des parties du visage** (yeux, nez…).

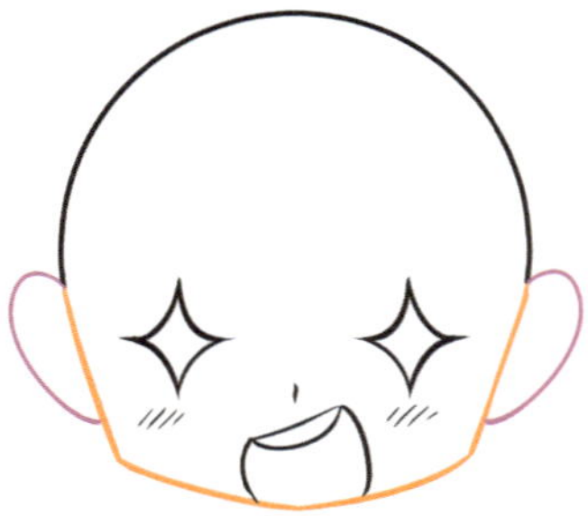

L'ADMIRATION
Symbolisée par le scintillement des yeux en forme d'éclats.

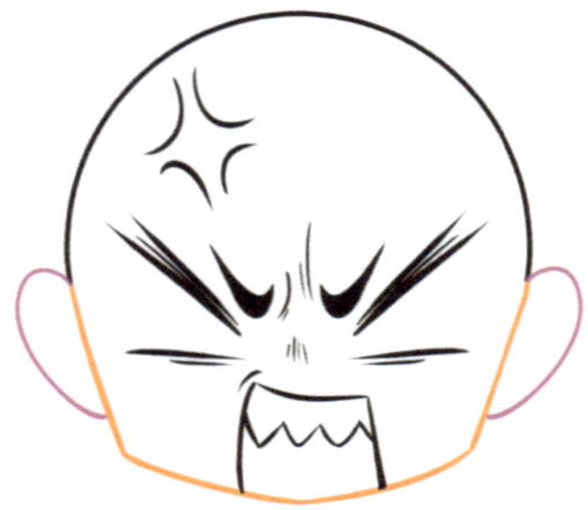

LA RAGE
Symbolisée par l'absence de pupilles et les dents de scie.

L'AMOUR
Symbolisé par les yeux et la bouche en cœur.

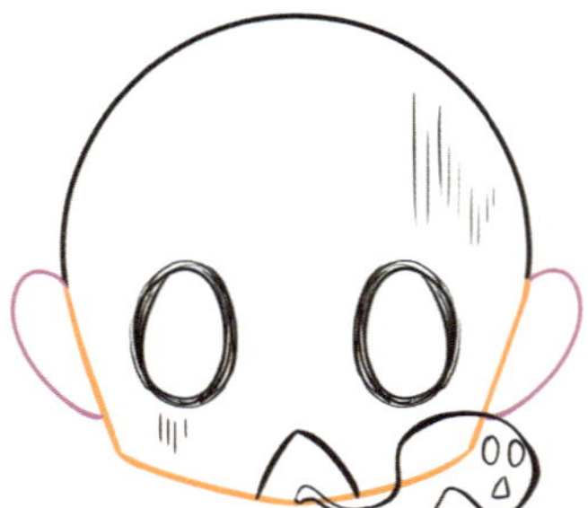

LE CHOC (CARDIAQUE)
Symbolisé par les yeux en forme de trous et l'âme du personnage cherchant à s'échapper par sa bouche.

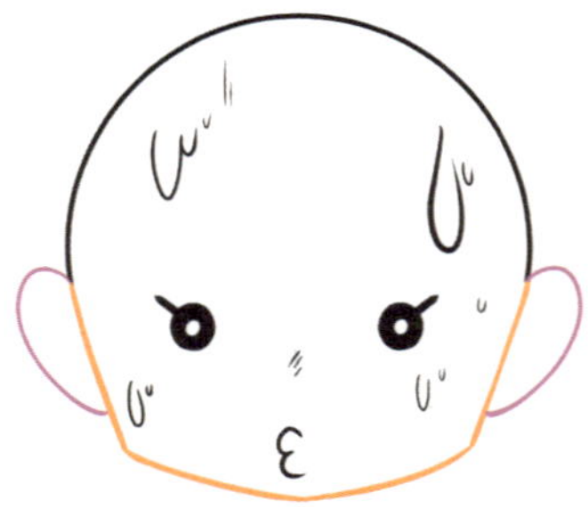

LA CULPABILITÉ
Symbolisée par les yeux en forme de billes, la bouche fuyante et la sueur dégoulinant du front.

L'ÉCLAIRÉ SAVANT
Symbolisé par des lunettes de scientifique loufoque, le nez qui coule, des dents de lapin.

CONCLUSION

Lorsque tu dessines un manga, **tu es le réalisateur d'un film et tes personnages sont ta troupe d'acteurs.** *C'est à toi de guider leur jeu pour que celui-ci soit le plus proche possible de ta vision de la scène à obtenir. Pour cela, il suffit parfois du léger décalage d'un élément d'expression digne des plus lyriques films d'auteur ou d'une exagération burlesque rappelant le cinéma muet des années 1920.*

On s'entraîne!!!

EXERCICE 1

CHOISIS 10 EXPRESSIONS DANS LES 2 PENTAGRAMMES ET REPRODUIS-LES À L'IDENTIQUE.

EXERCICE 2

REPRODUIS 20 FOIS CHACUN DES 5 SYMBOLES ÉMOTIONNELS.

EXERCICE 3

REPRODUIS LES 6 EXPRESSIONS CHIBIS BONUS.

がんばって

*Ganbatte : Fais de ton mieux!

LE DÉFI!

DESSINE CES 3 EXPRESSIONS QUI NE SONT PAS PRÉSENTES DANS LE CHAPITRE: SUSPICION, FIERTÉ ET TIMIDITÉ.

POUR RÉUSSIR L'EXERCICE DÉFI

Mets-toi devant un miroir et «pratique» chacune de ces expressions de façon à la ressentir au plus profond de toi.

POUR ALLER PLUS LOIN ET T'INSPIRER

VOICI UNE DOUBLE PAGE DE DIFFÉRENTES EXPRESSIONS DU VISAGE QUI MÉLANGENT EXPRESSIONS PLUS RÉALISTES ET EXPRESSIONS EXTRÊMEMENT CODIFIÉES.

AMUSE-TOI À REPRODUIRE L'EFFET ÉLASTIQUE DE CES VISAGES POUR ACCENTUER LA PUISSANCE ÉMOTIONNELLE DE TES PERSONNAGES.

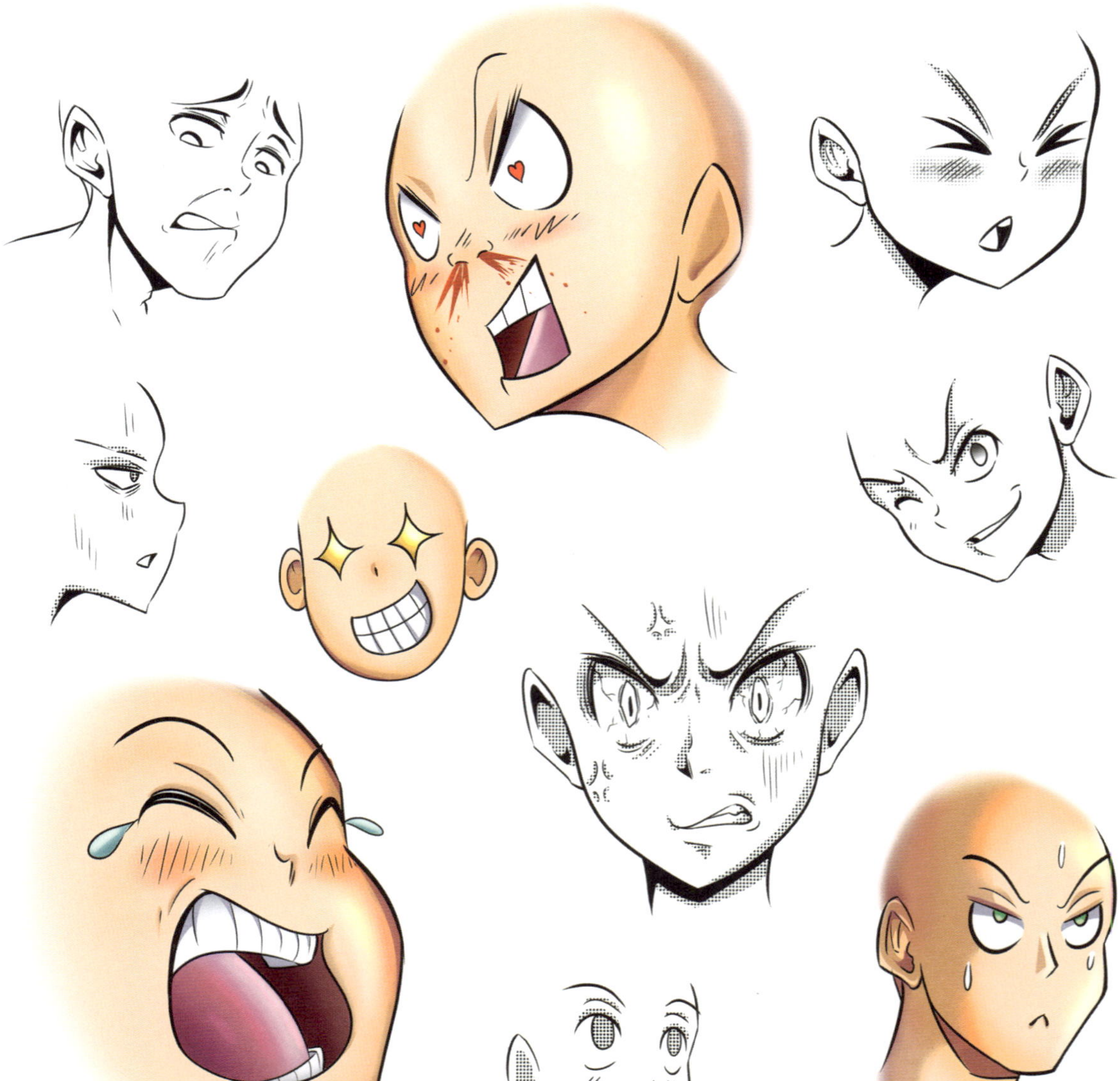

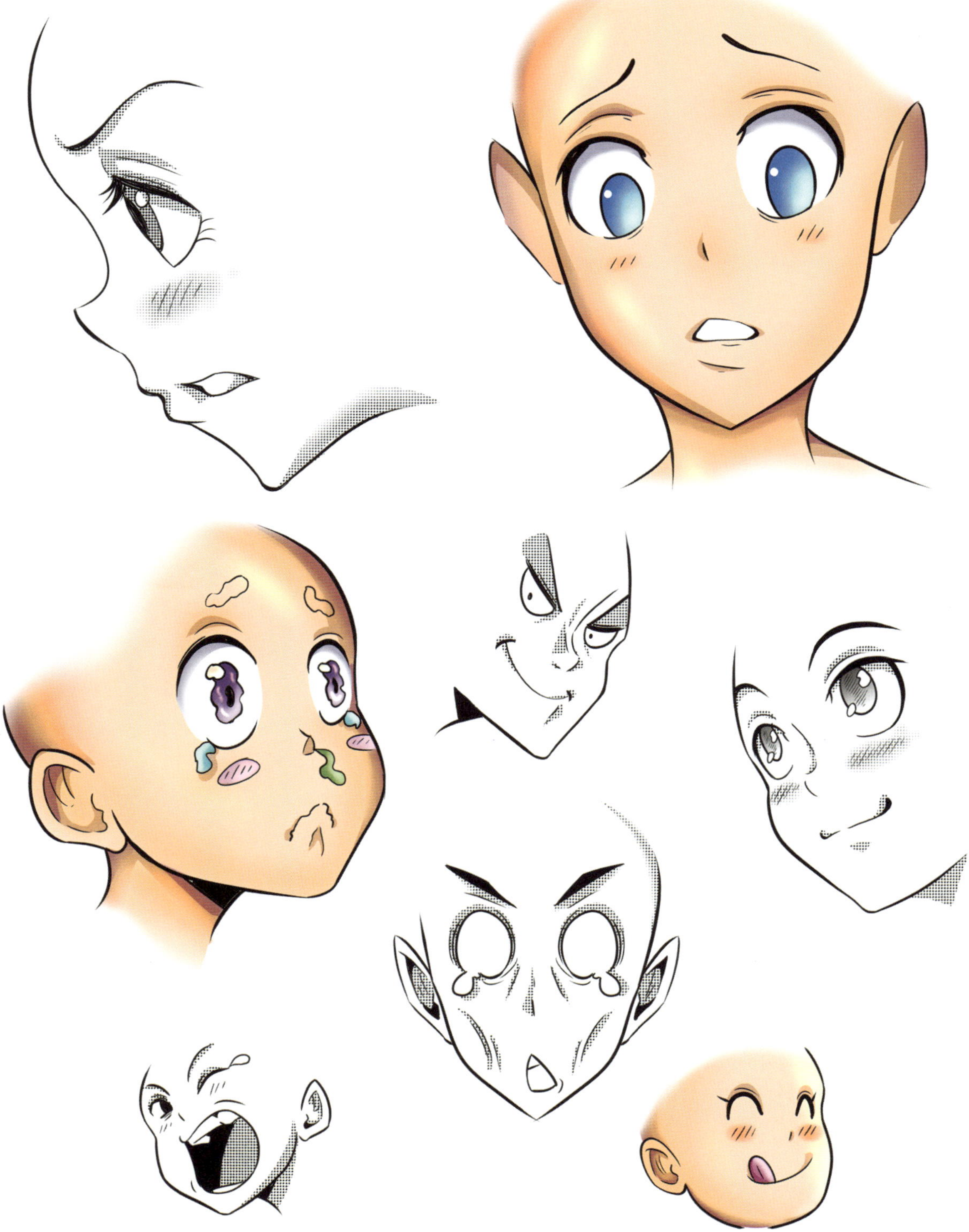

CHAPITRE

11

LE MOUVEMENT ET LA PERSONNALISATION

L'IMPULSION D'UNE ÉNERGIE

LA DYNAMIQUE DES ACTIONS D'UN MANGA AINSI QUE L'ORIGINALITÉ DES PERSONNAGES JOUENT POUR BEAUCOUP DANS LA POPULARITÉ DU GENRE. MOUVEMENTS, VÊTEMENTS, EFFETS VISUELS ET PERSONNALISATION DES PROTAGONISTES SONT JUSTEMENT AU PROGRAMME DE CE CHAPITRE.

TU VAS ACQUÉRIR DES NOTIONS DE DESSIN PRIMORDIALES POUR FAIRE VIVRE ET BOUGER TES PROPRES PERSONNAGES DE FAÇON DYNAMIQUE.

DES INGRÉDIENTS ESSENTIELS... ET UN PAS DE PLUS VERS TON OBJECTIF DE MANGAKA !

CE CHAPITRE... J'AI L'IMPRESSION DE PROGRESSER ENCORE PLUS VITE!!
CHAP 11
ドー
ッ!!

CHAPITRE 11

Les différents mouvements

Avant de passer à la technique, j'aimerais partager avec toi ce point majeur : un mouvement **se ressent.**

Maîtriser les aspects anatomiques et géométriques est une étape cruciale. Mais ce qui va fortement influer sur le réalisme et l'efficacité d'un mouvement, **c'est l'émotion, le ressenti, la puissance, l'intention, l'impulsion que tu transmettras à ton personnage par le dessin :** celui-ci doit EXISTER sur ta feuille !

Quand tu t'apprêtes à lui donner vie, concentre-toi et fais en sorte que le papier « s'enflamme sous ton crayon » !

L'IMPULSION

Cette technique est la plus appropriée pour les plans rapprochés : elle consiste à jeter un trait extrêmement impulsif et vif dans la direction de ton mouvement.

Les courbes créent **une sorte de distorsion de l'espace.** Le **lissage** des informations anatomiques donne, lui, une impression d'élasticité et d'effet de vitesse extrême !

ASTUCE !

La déformation du corps, des vêtements ou des éléments du visage augmente l'exagération narrative des personnages. Assouplis ton poignet et lance ton trait !

LA LIGNE DE FORCE

La ligne de force **(en rouge) synthétise le mouvement d'un corps par un seul trait** (ou deux maximum). Elle **résume le mouvement,** en se concentrant uniquement sur sa dynamique générale. En suivant cette ligne, les éléments anatomiques du corps hiérarchisent la construction du mouvement.

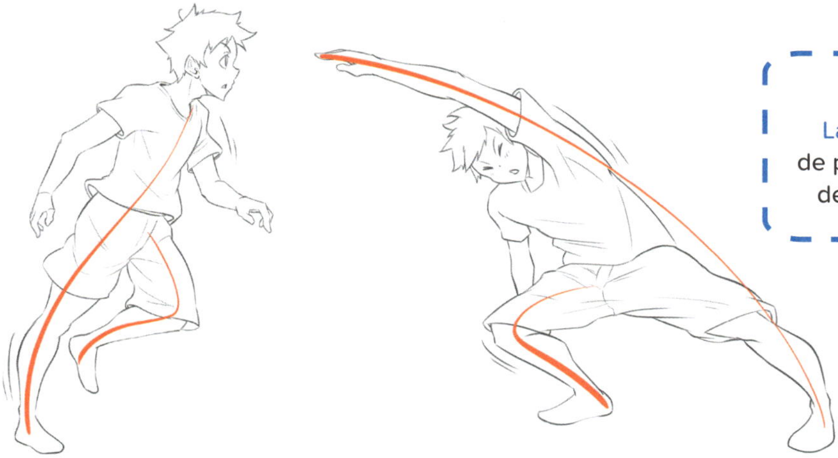

MON CONSEIL

La ligne de force permet aussi de prévisualiser les grandes lignes de proportions du personnage.

La ligne de force devrait normalement être ton premier coup de crayon pour dessiner un personnage. Elle a le même intérêt que le « S » de la structure du corps de profil (voir page 44).

LE MOUVEMENT STABILISÉ

J'utilise ce terme pour définir un mouvement nécessitant un effet de perspective important. En empilant les masses géométriques, le mouvement « progresse » jusqu'au visage du lecteur (les acquis du chapitre 1 te seront d'une grande aide !). On peut jumeler cette méthode de construction avec la ligne d'impulsion ou la ligne de force.

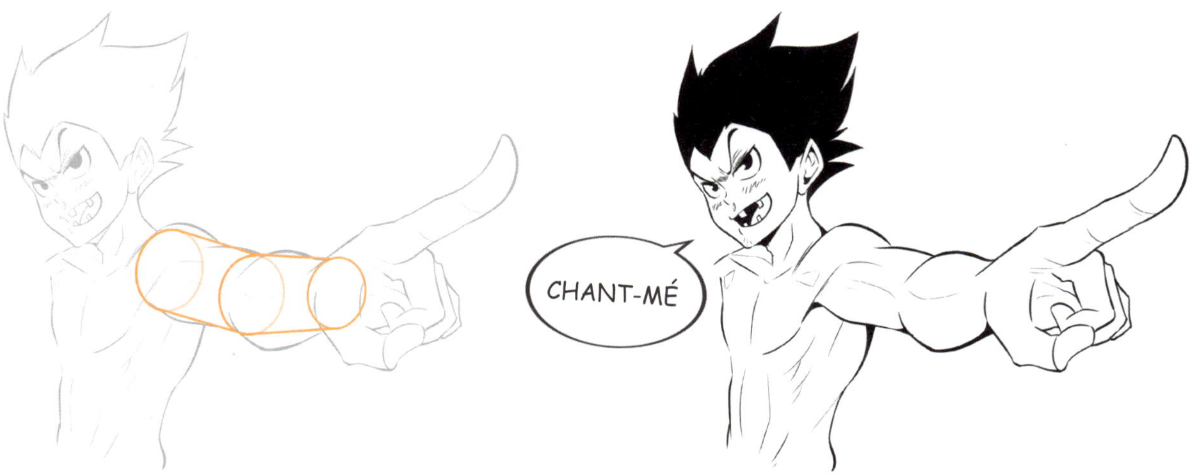

Un « petit » truc en plus pour rendre tes mouvements convaincants et vivants : **tenir compte de la contraction ou du relâchement des muscles sollicités par le mouvement.** N'hésite pas à **prendre toi-même la pose** pour la vivre et ressentir l'échauffement du muscle, la force du point d'appui du pied, la torsion du dos, la direction du poids du corps…

LE VÊTEMENT

Le vêtement d'un personnage est **une matière vivante :** il se plie, se froisse, épouse les formes du corps, tombe... Tout ceci apporte du réalisme à la scène.

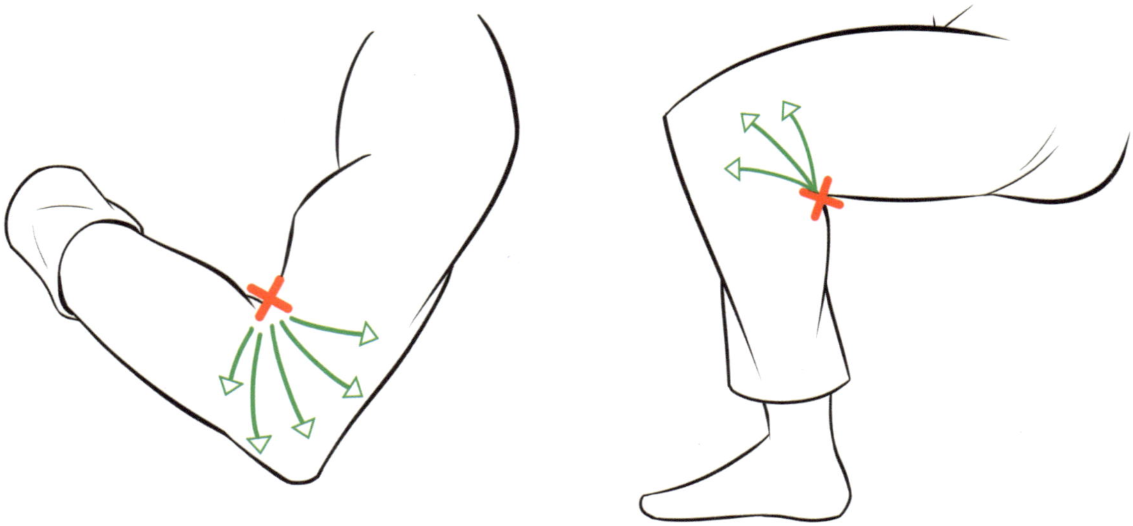

LA FLEXION

Le mouvement d'un bras ou d'une jambe fait « éclater » les plis du tissu au point de flexion.

LE VOLUME

Les points de pression des aisselles sur le tee-shirt diffusent les plis comme pour la flexion.

Mais il y a un paramètre supplémentaire à prendre en compte : **les axes volumétriques.**

Pour donner une impression du volume à un vêtement, tu peux t'aider **des notions des axes** (voir page 56).

Trace des axes qui viennent épouser les formes plates ou galbées du volume en contact avec le vêtement.

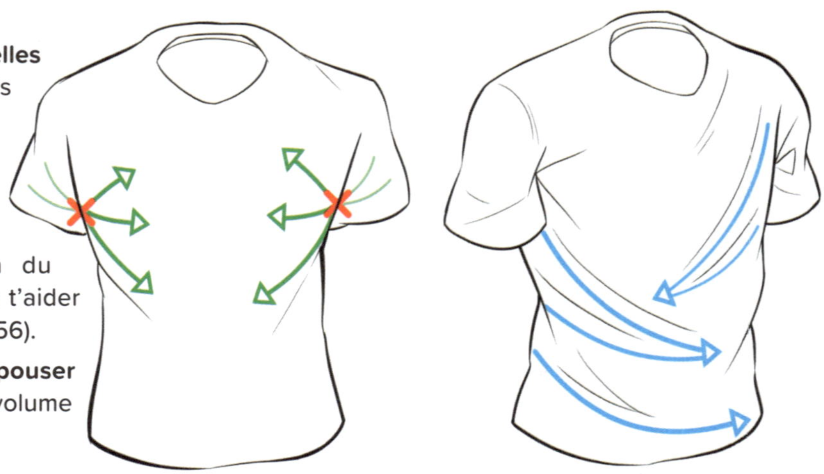

LA FORCE DE GRAVITÉ

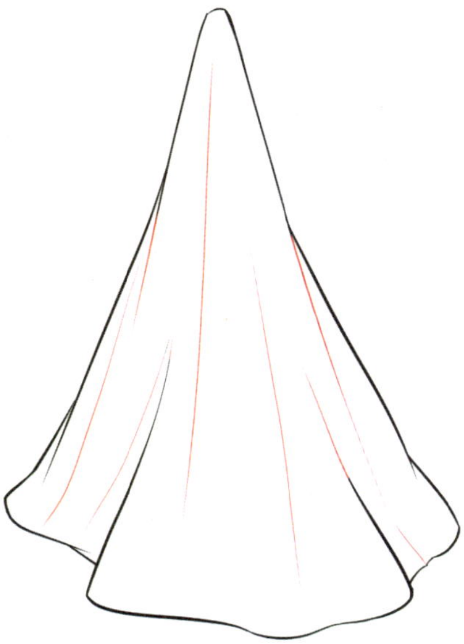

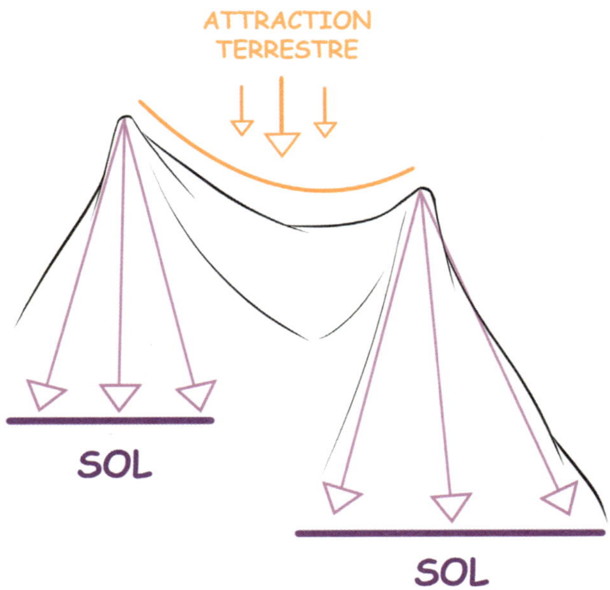

En un point

Sous l'effet de la force de gravité, le vêtement « tombe » vers le sol. Ses plis sont donc orientés vers le bas et le poids du tissu courbe les extrémités, également vers le sol. En général, les plis sont plus fins au centre qu'à l'extérieur **(en rouge).**

En deux points

Si le vêtement est soutenu en deux points, la pression est répartie entre les deux. Les plis sont donc moins marqués, et les deux points de soutien sont reliés entre eux par un pli central **(en noir)**. Le milieu du tissu, sans soutien, tend vers le sol sous l'effet de son propre poids et de l'attraction terrestre **(en orange).**

L'OMBRE

Les ombres sur les vêtements ne sont pas toujours représentées en manga, car elles ne sont pas essentielles à la compréhension de l'histoire. L'usage est de simplement indiquer au lecteur la position de la lumière et l'intensité de l'ombre. Pour cela, compartimente l'ombre et la lumière de façon bien définie.

Cette gestion simplifiée de l'ombre/lumière permet de transmettre rapidement **l'information de volume ou de luminosité** pour faciliter la lecture. Pour plus de finesse, tu peux toutefois ajouter des dégradés à tes ombres.

Mais dans tous les cas, n'oublie jamais de bien hiérarchiser les informations en répondant à ces deux questions pour te guider : Où est l'ombre ? Où est la lumière ?

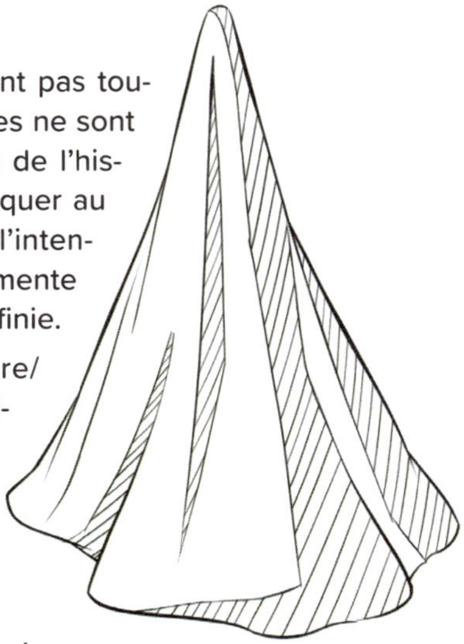

En hachuré

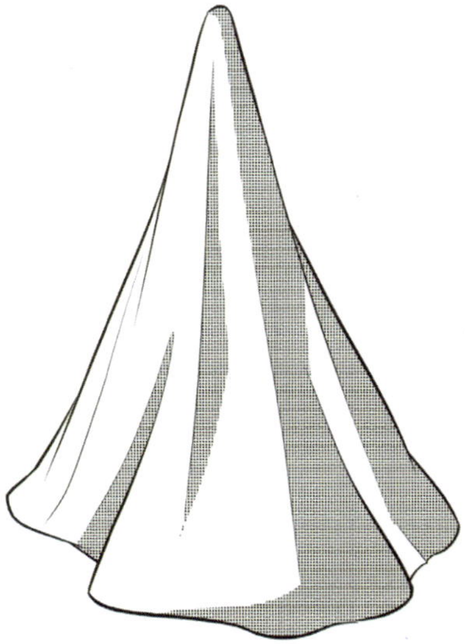

En trame

LE VIVANT FANTAISISTE DU VÊTEMENT

Une chose m'amuse beaucoup dans les mangas : lorsque l'écharpe ou le bandeau du héros flotte, parallèle au sol, comme si un vent de 90 km/h soufflait… alors que le personnage est simplement debout sur un toit en regardant au loin !

C'est ce que j'appelle le « vivant fantaisiste » du vêtement : le manga n'étant pas une restitution parfaite de la réalité, tu peux inventer des mouvements de vêtement même si le personnage est statique ! C'est graphiquement très efficace : cela apporte du pep's à ton dessin, tout en instillant un note narrative de « coolitude » non négligeable à ton personnage (effet + 1 000 !)

Le vent « naturel »… non naturel !

L'écharpe qui fait sa vie à côté du personnage !

Maintenant que ton œil est sensibilisé au sujet, replonge-toi dans tes mangas préférés pour (re)découvrir la diversité des modes de représentation du vêtement : tu constateras qu'ils sont le fruit d'une interprétation de la réalité propre à l'auteur, parfois exagérée, parfois très précise.

Pour cultiver ton aisance en la matière, ***rien de mieux que de prendre un carnet de croquis et de dessiner ta propre interprétation du sujet :*** *les plis des vêtements des gens qui marchent autour de toi, ou l'étude d'une veste posée sur une chaise, par exemple. La meilleure des documentations est devant toi… Ou à ta gauche… Ou à ta droite… Ou en haut… En bas… (Cette année-là!).*

Pour agrémenter ce cocktail détonant du mouvement et du vêtement, tu peux ajouter des lignes de vitesse, ou « speed lines » *in english* (si on veut coller à notre époque !).

Le mouvement qui fait « fsshhh ! »

Les lignes de vitesse sont des traits qui donnent **la direction du mouvement.** Ci-contre, les lignes de vitesse sont courbes et donnent une impression de vitesse dont le son pourrait être : « FSSHH !! »

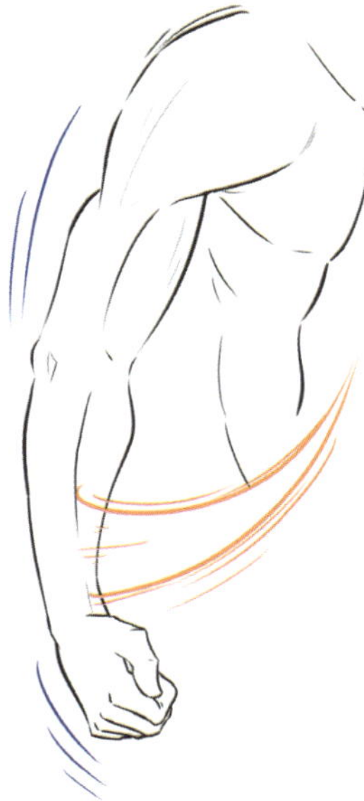

Espacer les lignes de vitesse sur la fin du mouvement donne **une impression d'éloignement** par rapport au point de départ.

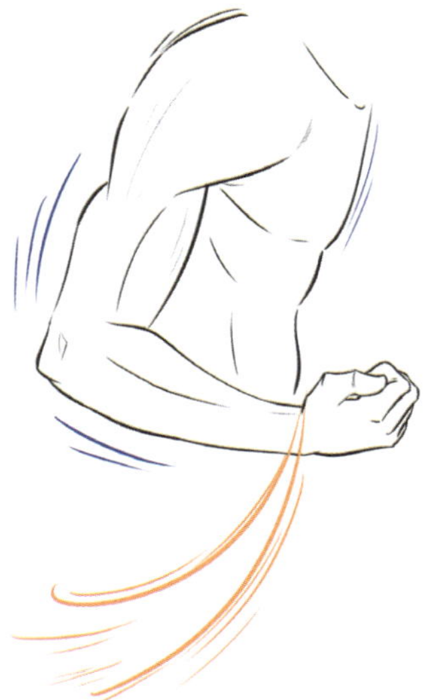

Au contraire, les concentrer et les resserrer sur la fin du mouvement donne **une impression de rapprochement** vers le point d'arrivée.

Le mouvement… sans mouvement !

Il existe de nombreux codes narratifs pour accentuer les émotions et mouvements en manga : la ligne d'effet est l'un de ces codes. C'est parti pour une étude de cas, ou plutôt de case ! **Ajoutées autour de celle-ci, des speed lines ou des focus lines boostent l'action du contenu.** Même si seul un visage est représenté, les lignes donnent alors une impression de mouvement et d'action à une simple et unique expression !

Pour réussir de belles speed lines, les traits doivent être bien parallèles et orientés dans la même direction.

Pour réussir une jolie focus line, tous les traits doivent être dirigés vers un seul et même point.

CHAPITRE 11

Le tuning de l'imagination

On entend souvent que, pour être un bon artiste, il faut avoir beaucoup d'imagination… Je mettrais quelques bémols à cette affirmation !

Dans l'art du manga, les codes et clichés permettent des raccourcis narratifs extrêmement utiles pour simplifier et augmenter l'accessibilité des informations, favorisant un rythme de lecture rapide. Pourquoi ne pas alors favoriser l'originalité, en prenant un sujet existant déformé ou un peu moins commun dans les mangas ?

L'imagination, qu'est-ce que c'est ?

C'est une question difficile que j'interprète (subjectivement, je l'assume) comme ceci : la saisie d'une donnée du réel mélangée à une autre donnée du réel, dans un contexte défini. Pour moi, c'est ça, l'imagination : ta capacité à pouvoir te demander « Et si… ? »

« Rien ne se perd, rien ne se crée, tout se transforme »… Cette phrase (du célèbre chimiste Antoine Lavoisier, au XVIIIe siècle) donne à mes yeux tout son sens au mot « imagination » :

- **Rien ne se perd** : les informations visuelles que tu rencontres dans ta vie restent dans ta mémoire.
- **Rien ne se crée** : tu n'inventeras rien qui ne se trouve quelque part sur la planète.
- **Tout se transforme** : tu peux combiner à ta guise toutes les images, souvenirs, informations de ta mémoire pour créer un fait ou un personnage jamais vu.

« Qu'il est beau, mon fier requin-train ! »
Medzi-0

J'illustre mon propos (en mots cette fois !). Tu n'as pas inventé les trains, mais tu as déjà vu des trains. Tu n'as pas inventé le requin, mais tu as déjà vu au moins une image de requin. Alors… **« Et si tu dessinais un train-requin » ?** Un train à tête de requin ? Ou un requin tractant des locomotives ? Ou encore un train avec des ailerons de requin ? Oui, il y a des centaines de possibilités !

L'imagination ne correspond pas à une chose insaisissable, mais **à ta manière de réfléchir et de lâcher prise sur les possibilités** que tes connaissances et ton expérience personnelle peuvent t'offrir. Et il y a des combinaisons que toi, et toi seul, peux créer : car tu es celui qui vit ta vie, et personne d'autre ne la vit à ta place.

Alors, commence à te poser cette question : si demain tu dessinais ton propre manga, **qu'est-ce que ton vécu pourrait raconter à travers tes personnages et ton univers, que toi seul connais ?**

ALLEZ, MISE EN PRATIQUE !

Voici un exemple concret pour illustrer mes propos (cette fois en images). Tout au long de ce livre, tu t'es entraîné à personnaliser ton personnage de bien des manières et styles différents.

J'ai sélectionné ici six mots-clés associés à des images libres de droits que je vais insérer de manière voyante pour créer deux personnages originaux.

Rappelle-toi : **« Rien ne se perd, rien ne se crée, tout se transforme. »**

bison

brochette

ciré jaune

salopette

poisson rouge

poireaux

C'EST LE MOMENT DE TOURNER LA PAGE POUR VOIR CE QUE CELA M'A INSPIRÉ !

FILLE : Denizia
Mots-clés : bison, brochette et salopette

GARÇON : Pierrot
Mots-clés : poireau, ciré jaune et poisson rouge

Ces héros étant fraîchement nés sous tes yeux, tu sais maintenant comment te servir des informations autour de toi pour donner vie au personnage de tes rêves, grâce à tes connaissances visuelles et à ton quotidien ! À de toi de te lancer dans ce jeu : il est aussi drôle qu'efficace pour stimuler l'imagination... et obtenir des personnages carrément originaux !

MON CONSEIL

Il ne restera plus qu'à définir le contexte scénaristique !

Et vice versa : le contexte scénaristique de ton histoire peut lui aussi influer sur le design de ton personnage.

CONCLUSION

Nous avons abordé beaucoup d'informations dans ce chapitre, et j'espère vraiment qu'elles te seront utiles pour la suite de ton aventure de mangaka.

Mon conseil: au-delà des notions indispensables acquises au fil de ce livre, lâche prise et observe autour de toi. Une fois ces deux certitudes ancrées dans tes cellules, je ne doute pas une seconde de ta capacité à imaginer, dessiner des vêtements ou créer un personnage en mouvement. Et le lien entre ces deux notions, c'est : crois en toi ! C'est ça, le point de départ de l'impulsion d'une énergie.

ON S'ENTRAÎNE !!!

EXERCICE 1

REPRODUIS CHAQUE FAÇON DE CRÉER UN MOUVEMENT COMME VU DANS «LES DIFFÉRENTS MOUVEMENTS».

EXERCICE 2

REPRODUIS CHAQUE DESSIN DE LA PARTIE «LE VÊTEMENT».

EXERCICE 3

POSE UNE VESTE SUR UNE CHAISE ET DESSINE LES DEUX PRÉCISÉMENT, AU DÉTAIL PRÈS, EN 15 MINUTES ET AU CRAYON.

がんばって

*Ganbatte : Fais de ton mieux !

LE DÉFI !

CRÉE UN PERSONNAGE MASCULIN ET UN PERSONNAGE FÉMININ EN LES ASSOCIANT À CES 3 MOTS-CLÉS : FROMAGE, MÉCANIQUE ET CIRQUE.

POUR RÉUSSIR L'EXERCICE DÉFI

Hey ! Je reconnais.... Ça ne va pas être facile. C'est même le défi le plus difficile de ce livre... *Alors ne te sape pas le moral si le résultat n'est pas exactement celui que tu voulais. Mais ne lâche pas pour autant, et va* **au bout de tes dessins !** *Les échecs sont les fondations de la réussite ! Une autre façon de réussir...* **Demain, tu feras mieux, et après-demain encore mieux !**

POUR ALLER PLUS LOIN ET T'INSPIRER

VOICI UNE DOUBLE PAGE REPRÉSENTANT DIFFÉRENTS MOUVEMENTS ET ACTIONS POUR ILLUSTRER À LA FOIS LE VÊTEMENT, L'IMAGINATION ET LE MOUVEMENT.

TU PEUX T'ENTRAÎNER À LES RECOPIER POUR COMMENCER, ET UTILISER LES MANGAS DE TES ÉTAGÈRES DE BIBLIOTHÈQUE POUR CONTINUER CET EXERCICE À L'INFINI !

CELA T'AIDERA À ACQUÉRIR UNE EXPÉRIENCE DANS LE DESSIN DE CHAQUE MOUVEMENT.

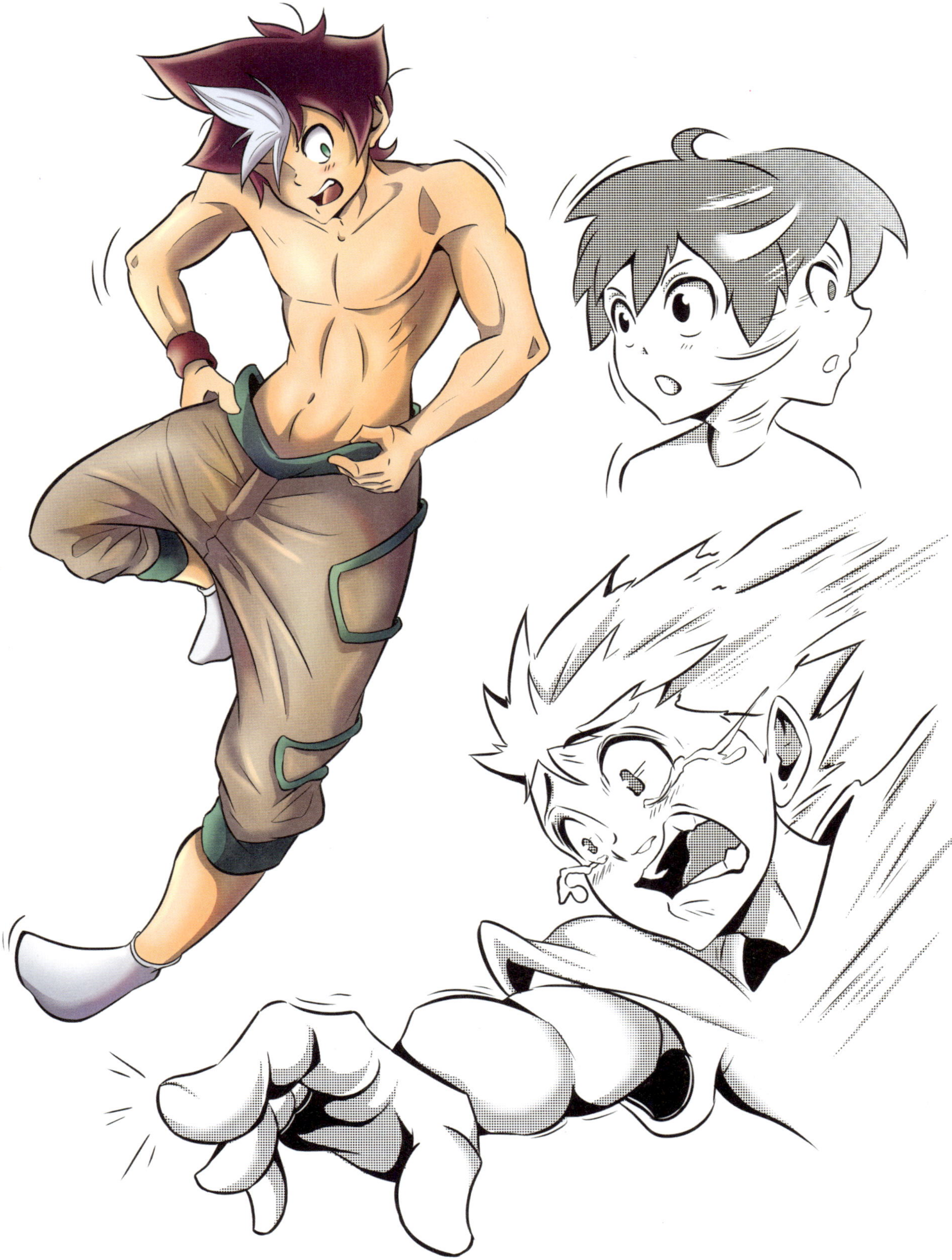

CHAPITRE

12

L'ENCRAGE

LE LANGAGE DE LA LIGNE

QU'EST-CE QUE L'ENCRAGE? C'EST LE MOMENT OÙ TU VAS TRANSPOSER TES CROQUIS ET BROUILLONS EN UNE MISE AU PROPRE À L'ENCRE. C'EST UNE ÉTAPE PRIMORDIALE, QUI PEUT PARAÎTRE ÉVIDENTE, MAIS ELLE EST AU CONTRAIRE PLEINE DE SUBTILITÉS, ET ELLE PERMET DE DONNER RÉELLEMENT VIE À TES PERSONNAGES. AS-TU DÉJÀ PRÊTÉ ATTENTION AUX VARIATIONS DE LA LIGNE DE CONTOUR DE TES PERSONNAGES PRÉFÉRÉS?

PLUS QU'UN DÉTOURAGE AU STYLO NOIR, C'EST LE LANGAGE DE LA LIGNE, TON INTERPRÉTATION DE LA TENUE D'UNE PLUME, LA PERSONNALITÉ QUE TU DÉGAGES, LE SOUFFLE DE VIE D'UN DESSIN MANGA... C'EST ÇA, L'ENCRAGE MANGA!

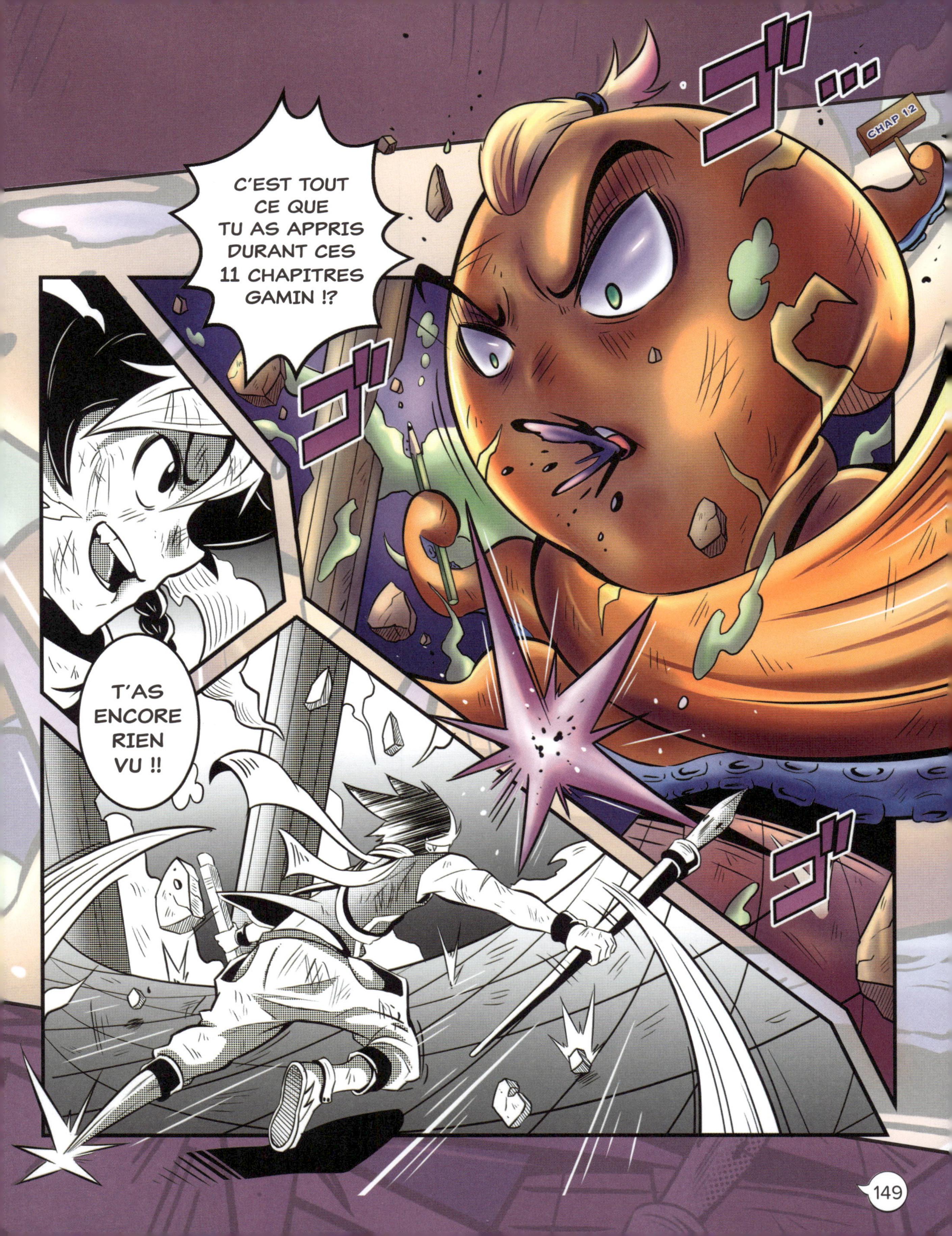
CHAP 12
C'EST TOUT CE QUE TU AS APPRIS DURANT CES 11 CHAPITRES GAMIN !?
T'AS ENCORE RIEN VU !!

CHAPITRE 12

L'ORIGINE DE L'ENCRAGE

L'art de la calligraphie, vieux de plusieurs millénaires, est à mes yeux **l'une des techniques qui ont le plus exploré l'encre.** Qu'il s'agisse de la calligraphie arabe, orientale ou latine, elles ont toutes connu une évolution et une diversité qui n'ont d'égal que la grande subtilité qui s'en dégage.

La calligraphie japonaise, très populaire, entretient un lien évident avec le dessin manga, dont elle a clairement influencé fortement la technique d'encrage.

Les Japonais écrivent avec trois alphabets, dont celui des **kanjis,** inspiré de l'écriture chinoise. Certains de ces idéogrammes (les kanjis, donc) ressemblent à des corps et des visages humains ; ils sont extrêmement expressifs grâce aux variations des lignes, qui leur donne du volume ou du mouvement. Ce sont ces deux paramètres qui t'aideront à réaliser de meilleurs personnages.

Voici le kanji du mot « manga ».
La ligne n'est pas neutre, elle dégage
même une certaine puissance !
C'est ce genre de ligne que tu peux transposer dans tes personnages.

Voici le kanji du mot « corps »,
qui se lit « MI ou SHIN ».
Il représenterait le corps d'une femme
enceinte tenant son ventre.
Les lignes sont fines et arrondies,
la vitesse et la pause du trait
sont minutieux pour mettre en avant :

en rouge : le corps de profil et la tête.
en bleu : le ventre rond.
en vert : un petit être à l'intérieur.

Lyrique, n'est-ce pas ?

La calligraphie est l'expression du cœur de l'artiste sur la feuille, via le pinceau et à l'aide du medium organique qu'est l'encre. Cette dernière est vivante et changeante : elle peut être liquide ou épaisse, mate ou brillante, diluée ou pure. C'est sa diffusion par capillarité sur le papier que l'on voit vibrer. Un spectacle magique qui permet de **donner vie à un dessin !**

La nature de la ligne

LES PLUMES DE MANGAKA

Contrairement au calligraphe, qui utilise le pinceau pour ses créations, **le mangaka utilise différentes plumes :** et chacune possède des propriétés spécifiques à exploiter selon les situations.

Pour ma part, si aujourd'hui j'encre exclusivement de façon numérique sur tablette graphique, j'ai bel et bien appris à encrer à l'aide des plumes suivantes :

La plume Maru, fine et souple, utilisée pour **la réalisation des plus fins détails.**

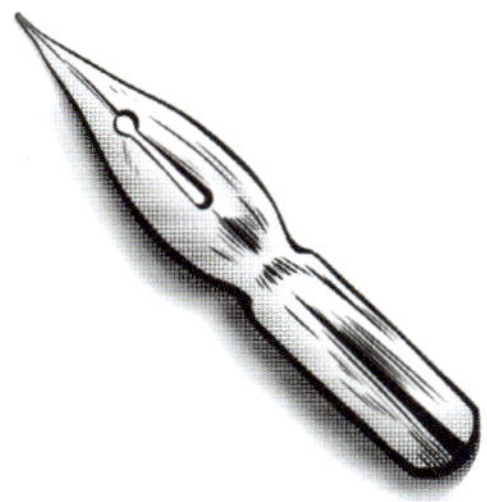

La plume Saji, intermédiaire et plus rigide, **pour une ligne régulière,** facile à manier pour les néophytes.

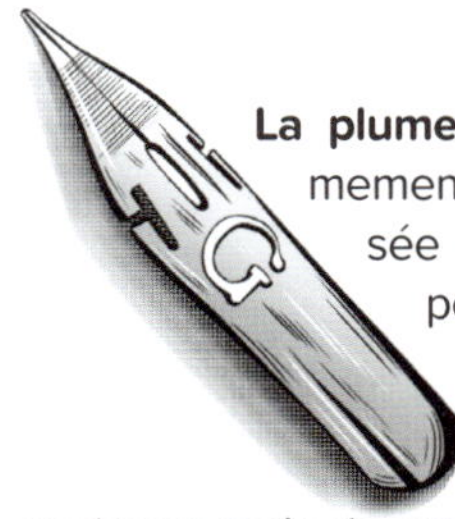

La plume « G », extrêmement souple, utilisée principalement pour dessiner les personnages. Cette plume demande quelques mois de pratique pour une bonne maîtrise, mais elle te permettra de réaliser pleins et déliés à ta guise et t'offrira un très grand panel d'expression de lignes !

LES DIFFÉRENTES LIGNES

Tout comme le cheveu, la ligne a sa nature propre, plus subtile, **qui dépend de l'outil** que tu utilises, **de la pression** que tu exerces sur ton stylo ou ta plume, mais aussi **de la rapidité** du mouvement de ta main.

Il existe une infinité de natures de lignes. En voici un petit échantillon, pour que tu puisses commencer à repérer les différences entre elles :

Une ligne épaisse (voire rugueuse).

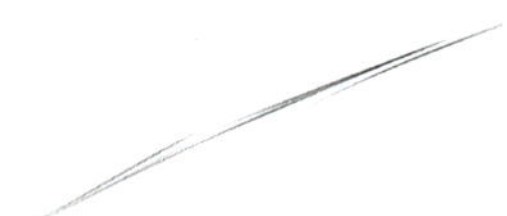

Plusieurs à-coups d'un trait long ou fin.

Une ligne souple et épaisse en son centre.

Une ligne rigide et épaisse.

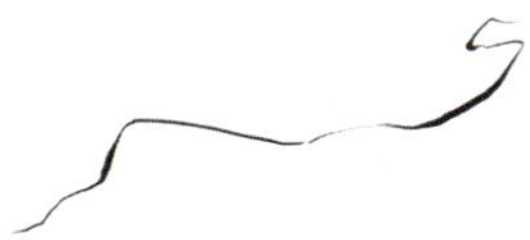

Une ligne déstructurée et saccadée.

En plus de sa nature, la ligne a deux choix d'expression :
le plein = ligne épaisse
le délié = ligne fine

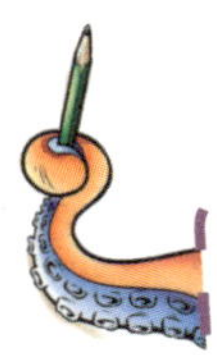

MON CONSEIL

La forme n'a aucune importance dans cet exercice : concentre-toi juste sur ton trait !

Petit jeu de mise en pratique !

Avant de voir quelles peuvent être les fonctions des pleins et des déliés, je t'invite à faire ce petit jeu : entraîne-toi à **appuyer ta plume sur ta feuille fortement puis légèrement, d'une façon lente puis rapide** pour commencer à prendre conscience de l'étendue des variations de ligne avec un crayon à papier (et non un porte-mine).

Je t'encourage même **à faire cet exercice les yeux fermés,** pour encore mieux te concentrer sur **la sensation de tes doigts et la vibration de ton outil** sur le papier.

Gribouillis d'encrage
Medzi-0 - 2021
Exposition prévue en 2057
au musée du « Pourquoi pas ? »

DE LA THÉORIE VERS LE MANGA

Encrer n'est pas simplement repasser le dessin au propre : c'est **bel et bien définir dans quelle « tonalité » ta ligne va influencer la représentation finale de ton personnage.**

Voici le même dessin, encré de plusieurs manières.
Perçois-tu les différences de ligne ?

Ici, c'est **mon encrage « naturel »,** à la fois rigide et souple, rythmé par **une ligne un peu saccadée.** Je ne sais pas trop comment l'expliquer autrement…

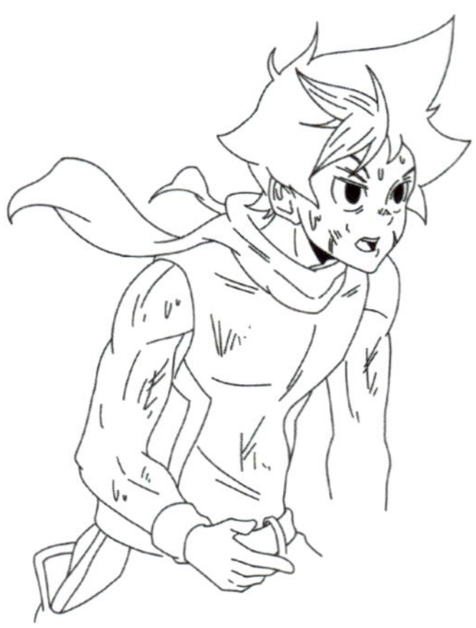

Ici, c'est un **encrage neutre, sans aucune variation de ligne.**

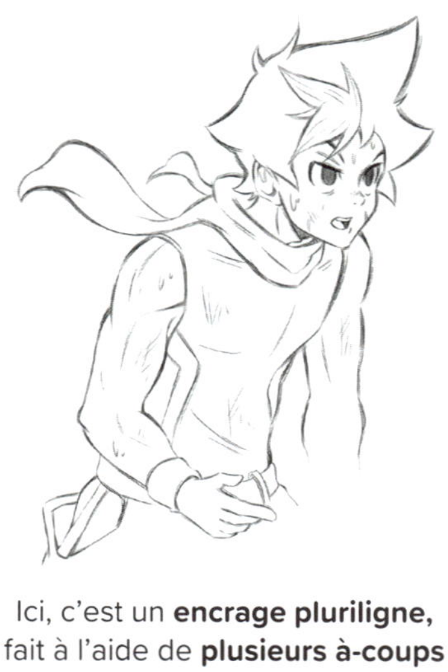

Ici, c'est un **encrage pluriligne,** fait à l'aide de **plusieurs à-coups de ligne** pour chaque **rythme.** Cette manière de faire permet de gérer la **taille** de la ligne, mais aussi son **intensité (opacité).**

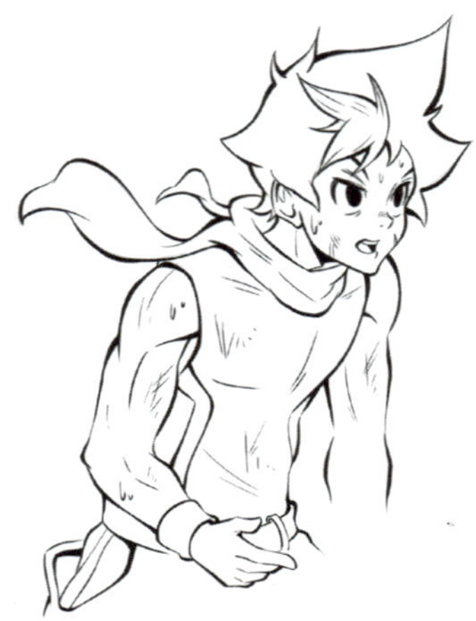

Ici, c'est **un encrage épais et plutôt souple,** permettant de donner un bon **relief au personnage.**

CHAPITRE 12

LES FONCTIONS DE L'ENCRAGE

Toutes les possibilités sont ouvertes. Je ne pense pas qu'il y ait de bonnes ou de mauvaises techniques d'encrage, mais cette étape est très influencée par **la personnalité, les goûts, les désirs du mangaka...** J'aimerais cependant partager avec toi ce que peut t'apporter l'utilisation d'une ligne vivante de pleins et de déliés, cela pourra servir tes intérêts pour un dessin contenant plus d'informations narratives !

UNE LIGNE VIVANTE : LES PLEINS ET DÉLIÉS

Grâce à la variation de ligne, tu peux...

• DONNER UN RELIEF PLUS IMPORTANT À UNE SURFACE

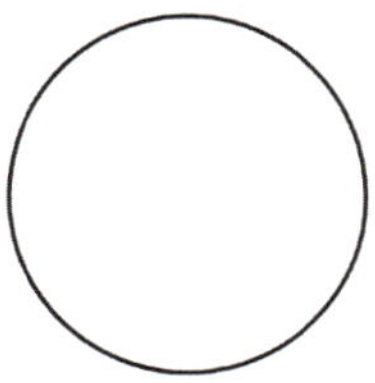

Ligne et remplissage neutre.

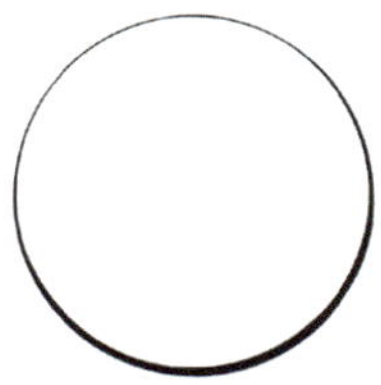

Ligne en pleins et déliés, donnant une impression de volume.

ASTUCE !

En plus du relief, placer une ligne plus forte peut évoquer la zone se situant dans l'ombre, tandis qu' une ligne plus fine indiquera la lumière.

• HIÉRARCHISER LA POSITION DES ÉLÉMENTS DANS L'ESPACE

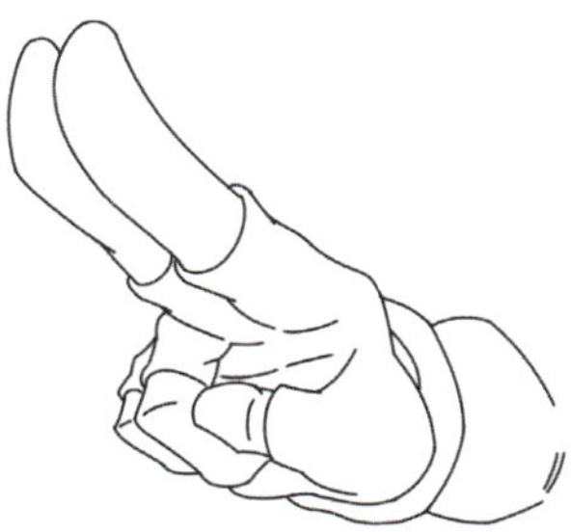

Ligne neutre.

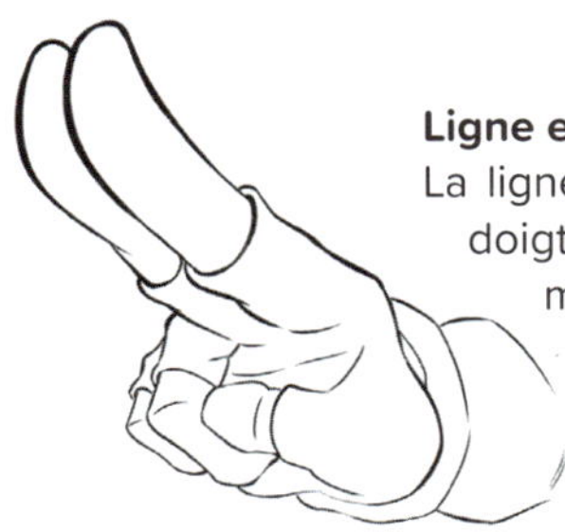

Ligne en pleins et déliés.
La ligne plus épaisse au bout des doigts semble rapprocher l'élément du lecteur, alors que la ligne plus fine vers le fond produit l'effet inverse.

• BOOSTER LA VIVACITÉ D'UN MOUVEMENT

Ligne et remplissage neutres.

Ligne en pleins et déliés.
La ligne réalisée en plusieurs à-coups de plume, de façon rapide et jetée, donne une impression de vitesse et de vibration du dessin.

CHAPITRE 12

Le REMPLISSAGE

Comme son nom l'indique, il consiste à remplir une zone ciblée avec une couche d'encre noire.

Outre l'information de couleur ou de matière, le remplissage permet de donner :

- **une impression de profondeur,** très pratique pour hiérarchiser les volumes, les différents vêtements et les parties du visage (en vert).
- **un ton d'ambiance plus dramatique,** comme une pénombre angoissante (en rouge).
- **une impression de relief** par la projection de l'ombre de l'élément concerné (en bleu).

Ce sont des options et des fonctions pratiques, mais pas indispensables.

Pour commencer à définir ton propre style graphique, tu pourras choisir de définir ces informations en hachurage, en trame, ou tout simplement de ne pas les faire apparaître !

CONCLUSION

L'encrage, c'est l'émotion du trait, et il est tout aussi important dans l'identité artistique du mangaka que le choix du style et la forme du dessin. Ce chapitre s'est efforcé d'éveiller ton œil aux différentes facettes de la ligne, pour que tu puisses lire et relire tes mangas avec un autre regard.

Tu as maintenant tous les éléments en main (et dans les yeux !) pour trouver ta propre façon de t'exprimer dans cette symphonie rythmée de pleins et déliés !

ON S'ENTRAÎNE !!!

EXERCICE 1

SUR 1 FEUILLE A4 ET AU CRAYON 3B, RÉINTERPRÈTE LE CHEF-D'ŒUVRE (SI SI!) GRIBOUILLIS D'ENCRAGE PRÉSENTÉ PAGE 152 EN RÉALISANT DES PLEINS ET DES DÉLIÉS DE FAÇON RAPIDE, PUIS LENTE. À RÉPÉTER TROIS FOIS !

EXERCICE 2

REPRODUIS 2 FOIS LE PERSONNAGE DE « LA THÉORIE VERS LE MANGA » ET ENCRE-LE DE 2 FAÇONS BIEN DISTINCTES.

EXERCICE 3

RÉALISE 1 PERSONNAGE AYANT UNE EXPRESSION DE COLÈRE EN UTILISANT UN REMPLISSAGE À L'ENCRE NOIRE OCCUPANT AU MOINS 60% DU DESSIN.

がんばって

*Ganbatte : Fais de ton mieux !

LE DÉFI !

RÉALISE UN PERSONNAGE DE TA CRÉATION, ET TENTE DE L'ENCRER À LA MANIÈRE DE TON AUTEUR PRÉFÉRÉ.

PETITE VARIANTE DÉFI

Tu peux aussi essayer de trouver ta propre manière d'encrer ce personnage. Comment faire ? Mmh...

Souviens-toi : dessiner est un subtil mélange de « Réfléchis ! » et « Ne réfléchis pas ! »... héhé !

POUR ALLER PLUS LOIN ET T'INSPIRER

VOICI DIFFÉRENTES FAÇONS D'ENCRER POUR SERVIR L'EXPRESSION DU PERSONNAGE, DU MOUVEMENT OU DE L'AMBIANCE NARRATIVE.

TU PEUX T'ENTRAÎNER À LES REPRODUIRE, OU REPRODUIRE LES DIFFÉRENTS TYPES D'ENCRAGE AVEC TES PROPRES PERSONNAGES !

Bzz

MÉMO VISUEL

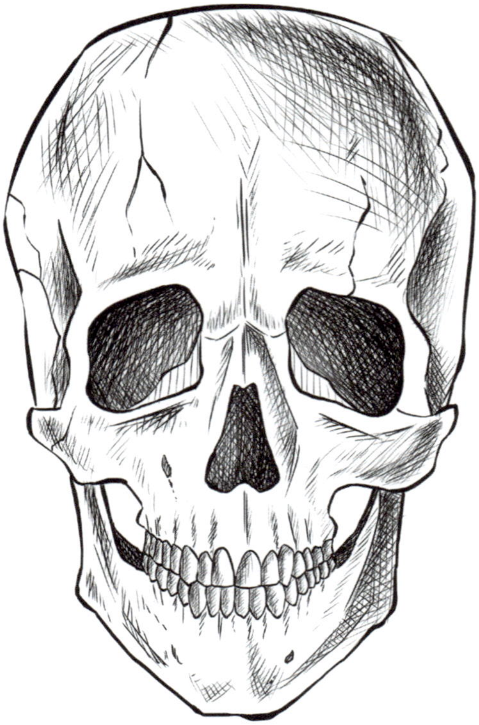

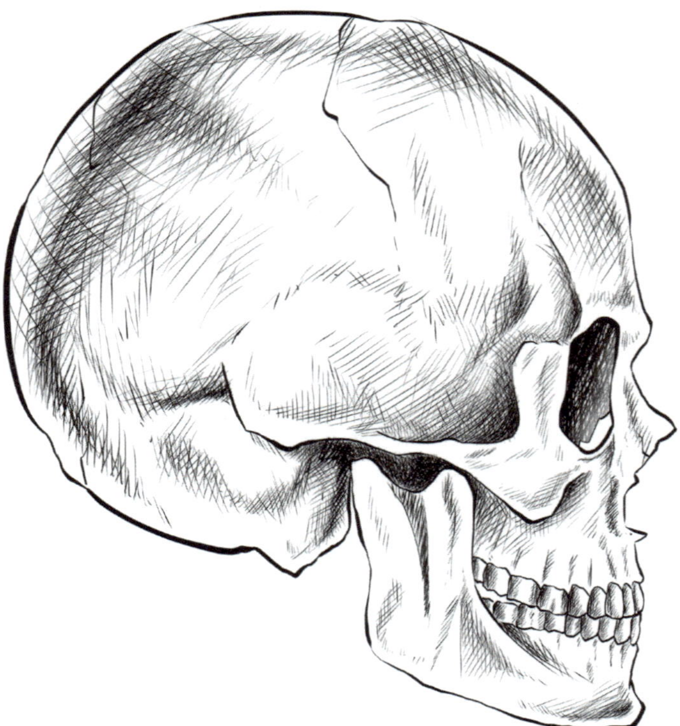

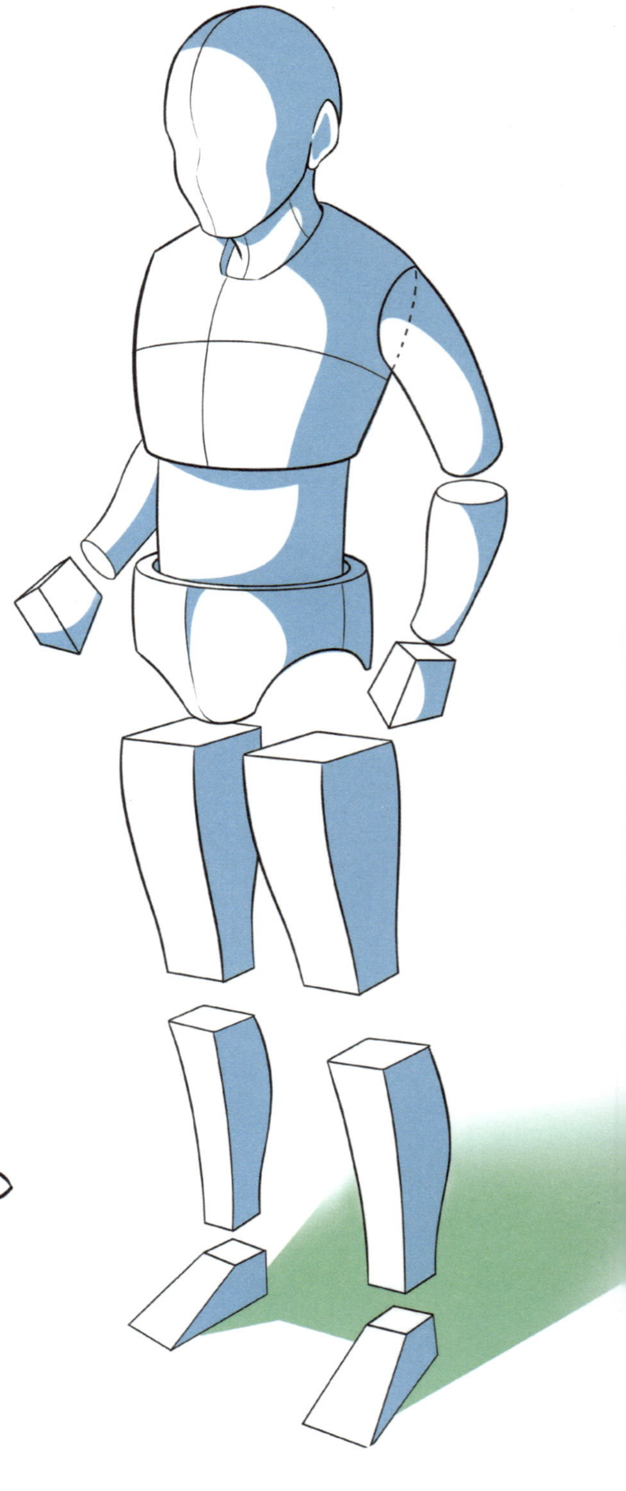